JULIE SCHWOB

thai thai cook

Fotos : Louis-Laurent Grandadam

tandem.VERLAG

Vorwort 5
Vorsicht mit den Chilis! 6

Die Zutaten der Thai-Küche

Kräuter, Gewürze und Chilis 11
Die Gemüsesorten 12
Die Früchte 15
Gewürzmischungen und Saucen 16
Die Nudeln und der Reis 18
Nützliche Küchenutensilien 20
Das Schneiden des Gemüses 22

Currys, Saucen und Beilagen

Grüne Currypaste 26
Gelbe Currypaste 29
Rote Currypaste für Fisch und Meeresfrüchte 30
Rote Currypaste für Fleisch und Tofu 32
Massamancurrypaste 35
Panangcurrypaste 36
Scharfe Würzsauce mit Fisch 38
Würzsauce mit scharfer Gurke 38
Klebreis 40
Klassischer Thai-Reis 40

Der Norden Thailands

Thailändische Röllchen 45
Grillspieße vom Schwein 46
Rindercurry nach Burma-Art 49
Gebratene Nudeln mit gelbem Curry 50
Frisches Gemüse mit einer Sauce aus Schweinefleisch und Tomaten 53
Hühnchen mit grünem Curry 54
Schweinecurry aus Chiang Mai 57

Der Nordosten Thailands

Rindfleischsalat mit Minze 60
Salat mit grüner Papaya 63
Gemüsebrühe mit Chilis und Schweinefleisch 65
Auberginensalat 66
Curry mit Strohpilzen 68
Gebackenes Gemüse 71
Gebratener Reis mit Gemüse und Rind 73
Hühnercurry mit Bambussprossen 74
Kürbiscurry 76

Die Mitte Thailands

Glasnudelsalat mit Gemüse 81
Gebratene Nudeln 82
Huhn in Pandanusblättern 84
Scharfer Salat mit Krabben 87
Hühnersuppe mit Kokosmilch und Galanga 88
Scharfe Brühe mit Krabben 90
Fischsoufflé mit Kokosmilch im Dampf gegart 93
Krabbenkuchen mit Kokosmilch 93
Krabbencurry mit Ananas 94
Fisch mit Knoblauch und grüner Zitrone 97
Gebratene Nudeln mit Ei 98

Der Süden Thailands

Reissalat mit Früchten und Gemüse 102
Fischkroketten 104
Gegrillte Schweinefleischspieße mit Satay-Sauce 107
Fischcurry mit Kokosmilch und Thai-Auberginen 108
Hühnchen mit Cashewnüssen 110
Massamancurry mit Huhn 113
Panangcurry mit Rindfleisch 115

Getränke und Desserts

Pandanussaft 118
Klebreis mit Mango 120
Tapiokaperlen mit Kokosmilch 122
Gekochte Bananen in Kokosmilch 125
Kürbis mit Kokoscreme 126
Pandanusnudeln mit Kokosmilch 128
Reiskugeln mit Kokosnuss 131

Anhang

Lexikon der thailändischen Küche 133
Register deutsch 134
Register thailändisch 136
Bibliografie 138
Danksagungen 138
Mengenangaben 141

SAWASDEE KHA!

„Thai-Thai": Der Titel dieses Buches wurde nicht gewählt, um den Leser zum Schmunzeln zu bringen … nein, er ist wohlüberlegt und soll in seiner Bedeutung der thailändischen Küche gerecht werden, die sich durch Kreativität, Erfindungsreichtum und Inspiration auszeichnet. Das erste „Thai" bedeutet Freiheit, die Freiheit, die sich die Thais durch alle Jahrhunderte der Unterwerfung und Kolonisierung bewahrt haben. Das zweite „Thai" steht für den Wert, den die Thais dem Akt des Essens beimessen: allerorten, zu jeder Tageszeit und zu jedem Anlass.
Die Thai-Thai-Küche bedeutet also die Freiheit, Speisen und Menüs zu erfinden und zu kreieren – für alle, jeden Tag und ohne irgendwelche Einschränkungen. Lassen Sie sich verführen, schweifen Sie durch dieses Buch und entwickeln Sie sich zu einem Thai-Thai-Koch!

Ich widme dieses Buch Stephen, der mich auf meiner Reise von Chiang Mai nach Phang Nga begleitete und die wunderbaren Fotos machte.

Vorsicht mit den Chilis!

Ich stelle Ihnen die Rezepte in der Art und Weise vor, wie sie in Thailand gekocht werden, also sehr sehr stark gewürzt!
Ich schlage Ihnen daher vor, die Mengenangaben der Chilischoten einfach der Widerstandskraft Ihres Gaumens anzupassen! Wenn Sie die Schärfe der Gewürze fürchten, reduzieren Sie die Menge der Chilis und Peperonis bis auf ein Viertel.

Beginnen Sie Ihre Reise durch die thailändische Küche mit einigen „ungefährlichen" Aromen. Im Folgenden eine Liste von wenig bis mäßig scharfen Gerichten:

poh pia: *Thailändische Röllchen*
moo yang: *Grillspieße vom Schwein*
yam nuea nam tok: *Rindfleischsalat mit Minze*
yum woon sen: *Glasnudelsalat mit Gemüse*
moo tun: *Gemüsebrühe mit Chilis und Schwein*
mee krop: *Gebratene Nudeln*
khao phat nuea: *Gebratener Reis mit Gemüse und Rind*
kai hoa bai toei: *Huhn in Pandanusblättern*
ho mok plaa: *Fischsoufflé mit Kokosmilch im Dampf gegart*
plaa neung manao: *Fisch mit Knoblauch und grüner Zitrone*
khao phat kung: *Gebratener Reis mit Krabben*
khao yam: *Reissalat mit Früchten und Gemüse*
moo satay: *Gegrillte Schweinefleischspieße mit Satay-Sauce*

Die thailändischen Desserts sind nicht scharf, also einfach genießen!

Panang Curry Paste
PATE DE CURRY PANANG
พริกแกงพะแนง
Matsaman Curry Pas
PATE DE CURRY MATSAMAN
น้ำพริกแกงมัสมั่น
NET WT. 1.76 oz POIDS NET 50 g น้ำหนักสุทธิ 50 กรัม
Red Curry Paste
PATE DE CURRY ROUGE
น้ำพริกแกงแดง
NET WT. 1.76oz POIDS NET 50g น้ำหนักสุทธิ 50 กรัม
Panang Curry Paste
PATE DE CURRY PANANG
น้ำพริกแกงพะแนง
NET WT. 1.76oz POIDS NET 50g น้ำหนักสุทธิ 50 กรัม

Die Zutaten der Thai-Küche

Es sind die exotischen Zutaten der thailändischen Küche, die sie so einizigartig machen: Kräuter, Wurzeln und Chilis bilden die Grundlage aller Curry- und Suppengerichte. Hinzu kommen die Würzsaucen und Gewürze, die jedem thailändischen Gericht jenes süß-salzig-scharfe Aroma verleihen. Es ist nicht immer leicht, die oft sehr speziellen Gemüsesorten in unseren Supermärkten zu finden. Daher schlage ich Ihnen bei einigen Rezepten heimische Gemüsesorten vor, die sich gut als Ersatz eignen.

Kräuter, Gewürze und Chilis

Es gibt unverzichtbare Komponenten der thailändischen Küche. Zusammen mit Zwiebeln, Schalotten oder Knoblauch bilden sie die wichtigsten Grundlagen der Currypasten.

Die Wurzeln

INGWER: khing. *Man verwendet frischen Ingwer in Stifte oder Scheiben geschnitten auf gedämpftem Fisch. Die etwas trockeneren Teile werden in Currypasten gerieben.*

GALANGA (THAI-INGWER): kaar. *Diese Wurzel ist größer und härter als normaler Ingwer. Sie schmeckt auch etwas saurer. Sie findet in Scheiben geschnitten oder im Ganzen Verwendung in typischen Suppen wie etwa* tom yam kung. *Gerieben würzt sie so manche Currypaste.*

KURKUMA (GELBWURZEL): kaar-min. *Sie wird in Thailand vor allem frisch und in einem leuchtenden Orange verwendet. Im Gegensatz dazu ist das indische Kurkuma eher gelb und meist in pulverisierter Form zu finden. Kurkuma gehört zu den wichtigen Zutaten aller Currypasten.*

Die Kräuter und Blätter

THAI-BASILIKUM: ho-ra-phaa. *Diese Basilikumsorte wird meist gekocht in Suppen verwendet. Man kann das Basilikum auch vor dem Servieren auf die Teller geben, um dem Gericht eine saurig-minzige Note zu verleihen.*

ZITRONENGRAS: takrite. *Dieses Kraut ist unverzichtbar. Die äußeren trockenen Blätter sowie der Stängel müssen entfernt werden. Die zarten mittleren Teile werden gehackt oder in Currypasten gerieben. Je nach Rezept gibt es verschiedene Arten der Zerkleinerung. Die violetten Teile werden fein gehackt, gewürfelt oder diagonal halbiert.*

BLÄTTER DER KAFFIRLIMETTE: makrut, *und* KAFFIRLIMETTE (ODER COMBAVA): bai-makrut. *Von der Kaffirlimette finden zwei Teile Verwendung: die Schale und die Blätter. Die Schale wird fein gehackt oder gerieben. Die Blätter werden im Ganzen Suppen oder Brühen zugegeben. Tiefgefrorene Kaffirlimettenblätter findet man in asiatischen Supermärkten.*

KORIANDER: puk-chee. *Koriander findet sich in allen Suppen und Currys. Die Korianderwurzel (*rak puk chee*) ist wie Ingwer auch häufiger Bestandteil der Currypasten.*

Die Chilischoten

THAI-CHILIS IN ROT ODER GRÜN: prick chifa. *Sie müssen glänzend und fest sein. Zu Beginn grün, werden sie reifend rot. Die Chilis würzen Suppen und werden Gerichten beigegeben, die im Wok gegart werden. Wenn Sie das Gericht weniger scharf bevorzugen, entfernen Sie sämtliche Samen aus den Schoten, bevor Sie sie zugeben. (Die Schärfe versteckt sich in den Samen!)*

GETROCKNETE ROTE CHILIS: prick haeng. *Sie würzen die Currypasten; die Samen sind leicht zu entfernen, was ihnen die Schärfe nimmt.*

VOGELAUGENCHILIS IN ROT ODER GRÜN: prick khee nou. *Diese Schoten sind echte Bomben für Ihren Gaumen. Empfindliche Menschen sollten sie ganz meiden. Wie bei allen Chilis werden auch sie rot, wenn sie reif sind. Man findet sie tiefgefroren oder getrocknet.*

Die Gemüsesorten

Thailändische Märkte berauschen durch ihre Explosion an Farben, Aromen und Düften. Es gibt herrlich reife Früchte und Gemüse im Überfluss. Man schwelgt zwischen Tonnen von Ananas, Kilos von Mangos und Kisten voller grüner Zitronen. Und es gibt so manche thailändische Gemüsesorte, die sie für die Realisierung Ihrer Rezepte benötigen.

Die Auberginen

In der thailändischen Küche gibt es drei verschiedene Auberginensorten.

THAI-AUBERGINE: ma-kiou-phuang. *Sie ist so groß wie eine Olive und wird im Ganzen für Currys verwendet. Sie ist härter und saurer als die traditionelle Aubergine.*

EIER-AUBERGINE: ma-kiou-prao. *Für die Küche wird sie in Viertel geschnitten. Man genießt sie scharf gebraten oder mariniert als Salat (siehe Rezept Seite 66), klein geschnitten kommt sie auch in Suppen oder Currys vor.*

VIOLETTE AUBERGINE: *Sie wird auch als chinesische Aubergine bezeichnet und ähnelt der uns bekannten Aubergine am ehesten. Doch sie ist kleiner, ein wenig fester und etwas säuerlicher im Geschmack.*

Die Bohnen

GRÜNE BOHNEN: thua fak yao. *Es handelt sich um sehr lange grüne Bohnen (etwa 50 cm), die wie unsere Bohnen gekocht werden. Sie werden häufig in Schlingen als Beilage zu bestimmten Gerichten serviert.*

„GEFLÜGELTE BOHNEN": toa plu. *Schneidet man diese Bohnen in Scheiben, entstehen kleine Sterne. Die knackigen Bohnen gehören zu Wok-Gerichten und in viele Suppen.*

Die Blätter

BANANENBLÄTTER: *Sie werden geschnitten, gefüllt oder zum Grillen beziehungsweise Dämpfen um andere Speisen gewickelt. Sie trocknen sehr schnell, und kalt gelagert werden sie rasch schwarz. Daher müssen sie sofort verwendet werden. Man erhält sie in asiatischen und indischen Supermärkten. Kleiner Tipp: Die Thailänder legen sie in der Sonne aus, um sie zu kleinen Päckchen mit verschiedenem Inhalt umformen zu können. Durch das Aufwärmen werden sie weicher und formbarer. Die Alternative zur thailändischen Sonne: Legen Sie die Blätter einzeln für 30 Sekunden in die Mikrowelle.*

PANDANUSBLÄTTER: *Ihr aromatischer Duft passt hervorragend zu Desserts. Gerieben oder im Mörser zerstoßen sondern sie einen grünlichen Saft ab, der zahlreichen thailändischen Desserts Farbe gibt, wie zum Beispiel dem Kürbis mit Kokoscreme (siehe Rezept Seite 127) . Doch Pandanusblätter umhüllen auch die berühmten Schweine- oder Hühnchenwickel (siehe Rezept Seite 84). Die ganzen Blätter können tiefgefroren oder getrocknet aufbewahrt werden. Gemeinsam mit anderen Kräutern verwenden die Thailänder Pandanusblätter auch für Kräutertees.*

Die Früchte

Die Litschis und ihre Verwandten

LITSCHI: lin-che. *Man findet Litschis in Desserts, im Sirup oder anderen Getränken.*
LONGAN: lam-yai. *Diese Frucht schmeckt fast wie eine Litschi, hat jedoch festeres Fleisch und eine braune, knackige Schale. Longans wachsen vor allem im Norden Thailands.*
RAMBUTAN: ngaw. *Die Rambutan sieht aus wie eine kleine, haarige Kugel. Sie schmeckt ähnlich wie eine Litschi, nur etwas nussiger und intensiver.*
MANGOSTAN: mung-kut. *Frisch aufgeschnitten ist die Schale leuchtend rot. Das weiße Fruchtfleisch enthält zahlreiche Kerne, die getrocknet als Snack genossen werden.*

Die Früchte in der Schale

JACKFRUCHT: kha-num. *Die Jackfrucht ist so groß wie eine Wassermelone und hat eine stachelige Schale. Man isst das Innere der Frucht und serviert es in dicken, gelben Scheiben, nachdem man den Kern und die Schale entfernt hat. Die reife Jackfrucht duftet sehr stark und manchmal unangenehm.*
DURIAN: thu rian. *Diese Frucht ist ebenso imponierend wie von außen stachelig. Man muss die Schale aufschneiden, um einen der fünf Fruchtkerne zu genießen. Der intensive Geschmack kann Übelkeit verursachen, wenn man ihn nicht gewohnt ist. Der Duft der Durian ist so einzigartig und intensiv, dass es in Thailand offiziell verboten ist, die Frucht in öffentlichen Verkehrsmitteln zu transportieren. Das Gleiche gilt für Waffen oder Gasflaschen!*

Gewürzmischungen und Saucen

Um ihre Gerichte zu würzen, verwendet die thailändische Küche Fischsauce zum Salzen, Palmzucker für die Süße und Krabbenpaste zum Ausgleich. Dies ist vergleichbar mit unserem Duo Salz und Pfeffer. Doch darüber hinaus gibt es in Thailand zahlreiche andere Saucen und verschiedene Gewürzmischungen.

Hier die wichtigsten:
FISCHSAUCE: nam pla. *Sie besteht aus Fischextrakten und fermentierten Krabben. Wählen Sie die leicht klare Variante. Alternativ können Sie auch vietnamesische Fischsauce (Nuoc-mam) verwenden.*
PALMZUCKER: nam tan pihp. *Er wird aus Dattelpalmen gewonnen. Es gibt ihn in verschiedenen Konsistenzen. Der harte Palmzucker ist der teuerste und gefragteste, denn er ist der süßeste und aromatischste. Sein Geschmack ähnelt dem des Ahornsirups. Wenn Sie keinen Palmzucker finden, sollten Sie daher eher Ahornsirup als Rohrzucker verwenden.*
KRABBENPASTE: kapi. *Sie wird aus getrockneten, gesalzenen Krabben hergestellt, die dann zu einer Paste zerkleinert werden; sie ist sehr aromatisch und leicht salzig.*
AUSTERNSAUCE: nam man hoi. *Hier handelt es sich um eine Mischung aus Sojasauce und frischen Austern. Sie schmeckt süß-salzig und wird häufig verwendet, um Fleisch oder Fisch zu marinieren.*
TAMARINDENPASTE: nam makham phia. *Aus fermentierten Tamarinden hergestellt, schmeckt sie süß-sauer.*
SALZIGE SOJASAUCE: si-iou-khao. *Sie findet in Rezepten mit chinesischem Einfluss Verwendung.*
SÜSSE SOJASAUCE: si-iou-dam. *Sie wird aus fermentierter Sojasauce und Melasse hergestellt. Sie gibt den Speisen einen süßlichen Geschmack und färbt sie ein.*
GETROCKNETE KRABBEN: kung haeng. *Ihr sehr starkes Krabbenaroma verleiht jedem Gericht einen Hauch von Meer und Krustentieren. Sie sollten sparsam verwendet werden.*
KOKOSCREME: *Sie besteht aus dem geriebenen Fruchtfleisch der Kokosnuss und Wasser. Sie schmeckt leicht süßlich und bindet Currys oder Suppen.*
KOKOSMILCH: *Wird Kokoscreme mit noch mehr Wasser verdünnt, entsteht Kokosmilch. Lässt man sie lange kochen, verdampft das Wasser und man erhält Kokosöl.*

Die Nudeln und der Reis

FRISCHE BAMI-NUDELN: bami sod. *Diese Nudeln werden aus Weichweizen und Eiern hergestellt. Man gibt sie in Suppen, kann sie aber auch gekocht und gebraten als Snack genießen. Es gibt sie auch getrocknet:* bami heng.

GLASNUDELN: woon sen. *Während des Kochens werden diese Nudeln glasklar und weich. Man verwendet sie für Nudelsalat (siehe Rezept Seite 81).*

REISNUDELN: kanom jeene. *Kocht man diese Nudeln in Wasser, werden sie weiß und weich. Man kann sie aber auch direkt braten, wie für* mee krop *(siehe Rezept Seite 82).*

BREITE REISNUDELN: sen kiou tiou. *Sie sind länger und dicker und werden für das traditionelle thailändische Gericht* phad thai *verwendet.*

THAI-REIS: khao jaao. *Es handelt sich um einen langkörnigen Reis, der vor allem in Zentral- und Südthailand sehr beliebt ist. Thai-Reis ist durchscheinend, wird beim Kochen aber weiß und etwas größer.*
Er wird auf thailändischen Märkten zu einem günstigen Preis auch geschrotet angeboten.

KLEBREIS: khao niao. *In der Küche Nord- und Ostthailands findet vor allem Klebreis Verwendung. Er wird sowohl warm als auch kalt genossen.*

EAGLOBE
BÁNH PHỞ THƯỢNG HẠNG
PRÉPARATION ALIMENTAIRE A BASE DE FARINE DE RIZ
CHANTABOON RICE STICK
REISNUDEL
粿條
VERMICELLES DE RIZ
PRODUIT DE THAILANDE
PRODUCT OF THAILAND
PRODUKT AUS THAILAND

nützliche küchenutensilien

DER WOK: *Im Wok werden die Gerichte pfannengerührt, das heißt angebraten und vermischt. Die meisten Gerichte in Thailand entstehen im Wok. Es gibt Woks aus Stahl, aus Aluminium (sie verteilen die Wärme sehr schnell, sind aber für wiederholtes Kochen nicht empfehlenswert) oder aus Gusseisen (sehr leistungsstark, aber schwer). Außerdem gibt es auch antihaftbeschichtete Woks.*

DIE SPACHTEL UND DER SCHAUMLÖFFEL: *Ein Metallspachtel zum Abschaben des Wokbodens und ein Schaumlöffel zum Herausheben gehören zum Standardrepertoire.*

DER MÖRSER: *Er ist traditionell aus Stein. Früher wurden die Mörser mit Hand nach Maß gefertigt, je nach Wunsch der Hausherrin. Heute werden sie industriell hergestellt. Wenn Sie einen Mörser kaufen, sollten Sie darauf achten, dass er nur aus einem Teil besteht. Mörser und Stößel sollten schwer sein: Dadurch spart man Kraft bei der Herstellung von Currypasten. Zum Zerkleinern der Zutaten den Stößel mehrfach in den Mörser stoßen, dabei die Zutaten immer wieder vom Rand in Richtung Mitte schieben, bis die gewünschte Konsistenz erreicht ist.*

Das Schneiden des Gemüses

Messer, Reiben und Schneidwerkzeuge: Es ist Teil der kulinarischen Tradition Thailands, dass der Dekoration auf dem Teller große Aufmerksamkeit gewidmet wird. Wenn Sie diese außergewöhnlichen Schneidewerkzeuge auf einem thailändischen Markt finden, zögern Sie nicht, sie zu kaufen. Sie sind die Helfer, die die von Ihnen servierten Gerichte zu etwas Besonderem machen. Mit diesen großartigen, kleinen Werkzeugen schaffen Sie schnell und einfach besondere Dekorationen.

Viereckige Gurkenscheiben

Sternförmige Karottenscheiben

Leuchtende Tomatenblumen

ภูเขาทอง
น้ำปลาแท้
ทิพรส
กะปิตราเรือใบ
กะปิแท้ ตรา กุ้งใหญ่
พันท้าย
Pantai
MACKEREL
IN TOMATO SAUCE
ROZA

Currys, Saucen und Beilagen

Currypasten bilden die Grundlagen der gesamten thailändischen Küche. Sie würzen einfach jedes Gericht. Je nach Region und Tradition gibt es unendlich viele Geschmacksrichtungen. Die rote Currypaste findet vor allem in Nordthailand Verwendung und ist beeinflusst von China, Laos und Indien, während die süßere Massamancurrypaste unter malayischem Einfluss entstanden ist.

Die hier beschriebenen Pasten können in einem traditionellen Holz- oder Steinmörser hergestellt werden (dazu braucht man allerdings ein wenig Geduld und einen starken Bizeps!). Einfacher geht es mithilfe eines Mixers. Die Currypasten halten sich, mit Klarsichtfolie abgedeckt, drei bis vier Monate im Kühlschrank. Je länger sie lagern, desto aromatischer schmecken sie. Sie können sie aber auch in Eiswürfelbehälter füllen und einfrieren. Aus diesem Grund sind die Rezepte für 10 bis 30 Personen vorgesehen. Außerdem können Sie ein und dieselbe Currypaste auch für mehrere Rezepte verwenden.

Da die Rezepte dem thailändischen Original entsprechen, sind Currypasten sehr scharf. Empfindliche und nicht an die Schärfe von Chilis gewöhnte Gaumen sollten nur ein Viertel der angegebenen Chilimenge verwenden. Denken Sie dabei auch an Ihre Gäste! Wer die Schärfe der thailändischen Gerichte spüren möchte, kann immer noch mit gehackten oder geriebenen Chilis nachwürzen.

Diese Currypaste passt sehr gut zu weißem Fleisch wie Hühnchen oder Pute. Mit dieser Paste wird der Klassiker der thailändischen Küche, die Hühnersuppe mit Kokosmilch und Galanga, **tom ka khai** *(siehe Rezept Seite 88), gewürzt.*

nam prik kaeng keaw wan

GRÜNE CURRYPASTE

ZUBEREITUNGSZEIT: 20 MINUTEN
GARZEIT: 5 MINUTEN

Trockene Zutaten

1 TL Koriandersamen
1 TL Kreuzkümmelsamen
10 schwarze Pfefferkörner
½ TL Muskatnuss, gerieben

Frische Zutaten

1 TL Krabbenpaste
15 Thai-Chilis, gehackt
10 grüne Vogelaugenchilis, gehackt
5 Schalotten, gehackt
6 Knoblauchzehen, gehackt
3 Stängel Zitronengras, in Streifen geschnitten
2 cm Thai-Ingwer, gehackt
1 frische Korianderwurzel, gehackt
1 cm Gelbwurzel, gehackt
geriebene Schale ½ Kombava

- Trockene Zutaten: Die Koriandersamen in einer beschichteten Pfanne etwa 2 bis 3 Minuten vorsichtig rösten, damit sie ihr Aroma entfalten. Sie dürfen nicht braun werden. Kreuzkümmelsamen und Pfefferkörner ebenso rösten. Alle gerösteten Gewürze in einem Mörser (oder einer Kaffeemühle) zu Pulver zerkleinern. Die geriebene Muskatnuss unterrühren und beiseitestellen.
- Frische Zutaten: Die Krabbenpaste sowie alle gehackten Zutaten in einem Mörser vermengen und zerstoßen.
- Die trockenen und die frischen Zutaten vermischen und so lange zerstoßen, bis eine cremige Paste entsteht.

TIPP

Um die frischen Zutaten im Mörser zu zerkleinern, empfiehlt es sich, sie im Vorfeld bereits sehr fein zu hacken. Wenn Sie einen Mixer verwenden, reicht es, die Zutaten nur grob zu hacken.

Diese Currypaste weist indischen Einfluss auf und wird vor allem in vegetarischen Suppen verwendet.

Nam Prik Kaeng Kari

Gelbe Currypaste

EINWEICHZEIT: 15 MINUTEN
ZUBEREITUNGSZEIT: 20 MINUTEN
GARZEIT: 5 MINUTEN

Trockene Zutaten

8 rote Thai-Chilis, getrocknet
1 EL Koriandersamen
1 TL Kreuzkümmelsamen
2 TL indisches Currypulver

Frische Zutaten

½ TL Krabbenpaste
5 Schalotten, gehackt
3 große Knoblauchzehen, gehackt
1 EL Zitronengras, gehackt
1 TL Thai-Ingwer, gehackt
1 TL frischer Ingwer, gehackt

- Trockene Zutaten: Die getrockneten Chilis in einer großen Schüssel mit warmem Wasser etwa 15 Minuten einweichen und anschließend fein hacken. Die Koriandersamen in einer beschichteten Pfanne etwa 2 bis 3 Minuten vorsichtig rösten, damit sie ihr Aroma entfalten. Sie dürfen nicht braun werden. Die Kreuzkümmelsamen ebenso rösten. Die gerösteten Gewürze in einem Mörser (oder einer Kaffeemühle) zu Pulver zerstoßen. Die gehackten Chilis und das Currypulver zufügen. Gut verrühren und beiseitestellen.
- Frische Zutaten: Die Krabbenpaste sowie alle anderen frischen Zutaten vermengen und in einem Mörser zerstoßen.
- Die trockenen und die frischen Zutaten vermischen und so lange zerstoßen, bis eine cremige Paste entsteht.

TIPP

Um die frischen Zutaten im Mörser zu zerkleinern, empfiehlt es sich, sie im Vorfeld bereits sehr fein zu hacken. Wenn Sie einen Mixer verwenden, reicht es, die Zutaten nur grob zu hacken.

Für ein ho mok plaa, ein Fischsoufflé in Bananenblättern (siehe Rezept Seite 93), ist diese rote Currypaste unerlässlich.

NAM PRIK KAENG KHU

ROTE CURRYPASTE FÜR FISCH UND MEERESFRÜCHTE

EINWEICHZEIT: 15 MINUTEN
ZUBEREITUNGSZEIT: 20 MINUTEN
GARZEIT: 5 MINUTEN

Trockene Zutaten
7 rote Chilis, getrocknet
5 schwarze Pfefferkörner

Frische Zutaten
1 TL Thai-Ingwer, gehackt
1 EL Knoblauch, gehackt
1 EL Zitronengras, gehackt
1 TL geriebene Kombavaschale
½ TL Salz

- Trockene Zutaten: Die getrockneten Chilis in einer großen Schüssel mit warmem Wasser etwa 15 Minuten einweichen und anschließend fein hacken. Die Pfefferkörner in einer beschichteten Pfanne etwa 2 bis 3 Minuten vorsichtig rösten, damit sie ihr Aroma entfalten. Sie dürfen nicht braun werden. Den gerösteten Pfeffer in einem Mörser (oder einer Kaffeemühle) zu Pulver zerstoßen. Die gehackten Chilis zufügen. Gut verrühren und beiseitestellen.
- Frische Zutaten: Alle frischen Zutaten mit dem Salz in einem Mörser vermengen und zerstoßen.
- Die trockenen und die frischen Zutaten vermischen und so lange zerstoßen, bis eine cremige Paste entsteht.

TIPP

Um die frischen Zutaten im Mörser zu zerkleinern, empfiehlt es sich, sie im Vorfeld bereits sehr fein zu hacken. Wenn Sie einen Mixer verwenden, reicht es, die Zutaten nur grob zu hacken.

Diese Currypaste eignet sich besonders für Gerichte mit Fleisch oder Tofu, wie etwa für kaeng phat kai si naomai*, ein Hühnercurry mit Bambussprossen (siehe Rezept Seite 74).*

nam prik kaeng phat

ROTE CURRYPASTE FÜR FLEISCH UND TOFU

EINWEICHZEIT: 15 MINUTEN
ZUBEREITUNGSZEIT: 20 MINUTEN
GARZEIT: 5 MINUTEN

Trockene Zutaten
8 große rote Chilis, getrocknet
1 TL Koriandersamen
1 TL Kreuzkümmelsamen
15 schwarze Pfefferkörner
½ TL Muskatnuss, gerieben

Frische Zutaten
1 TL Krabbenpaste
3 rote Vogelaugenchilis, gehackt
6 Schalotten, gehackt
6 EL Knoblauch, gehackt
3 EL Zitronengras, gehackt
2 EL Thai-Ingwer, gehackt
1 EL geriebene Kombavaschale
1 frische Korianderwurzel, gehackt

- Trockene Zutaten: Die getrockneten Chilis in einer großen Schüssel mit warmem Wasser etwa 15 Minuten einweichen und anschließend fein hacken. Die Koriandersamen in einer beschichteten Pfanne etwa 2 bis 3 Minuten vorsichtig rösten, damit sie ihr Aroma entfalten. Sie dürfen nicht braun werden. Kreuzkümmelsamen und Pfefferkörner ebenso rösten. Die gerösteten Gewürze in einem Mörser (oder einer Kaffeemühle) zu Pulver zerstoßen. Gehackte Chilis und Muskatnuss zufügen. Gut verrühren und beiseitestellen.
- Frische Zutaten: Die Krabbenpaste sowie alle gehackten Zutaten in einem Mörser vermengen und zerstoßen.
- Die trockenen und die frischen Zutaten vermischen und so lange zerstoßen, bis eine cremige Paste entsteht.

Tipp

Um die frischen Zutaten im Mörser zu zerkleinern, empfiehlt es sich, sie im Vorfeld bereits sehr fein zu hacken. Wenn Sie einen Mixer verwenden, reicht es, die Zutaten nur grob zu hacken.

พริกลาบป่น

หญ้าหวาน
ดอกงิ้วแห้ง
เห็ดหลินจือ
ชาอู่หลง
ดอกงิ้วแห้ง
มะตูมแห้ง
กระเจี๊ยบแห้ง
มะเขือเทศ

Die Massamancurrypaste findet vor allem in den Rezepten und Gerichten Südthailands Verwendung und verrät ihren malayischen oder balinesischen Einfluss. Sie ist etwas süßer und passt vor allem zu fetthaltigen Gerichten mit Wal- , Erd- oder anderen Nüssen, wie etwa zum kai phat met mamuang: *Hühnchen mit Cashewnüssen (siehe Rezept Seite 110).*

Nam prik kaeng Massaman

Massamancurrypaste

EINWEICHZEIT: 15 MINUTEN
ZUBEREITUNGSZEIT: 20 MINUTEN
GARZEIT: 5 MINUTEN

Trockene Zutaten
8 rote Chilis, getrocknet
2 EL Koriandersamen
1 EL Kreuzkümmelsamen
15 schwarze Pfefferkörner
1 Sternanis
5 Gewürznelken
1 TL Muskatnuss, gerieben
1 TL Zimtpulver

Frische Zutaten
1 EL Krabbenpaste
20 Schalotten, gehackt
20 Knoblauchzehen, gehackt
2 EL Zitronengras, gehackt
5 frische Korianderwurzeln, gehackt

- Trockene Zutaten: Die getrockneten Chilis in einer großen Schüssel mit warmem Wasser etwa 15 Minuten einweichen und anschließend fein hacken. Die Koriandersamen in einer beschichteten Pfanne etwa 2 bis 3 Minuten vorsichtig rösten, damit sie ihr Aroma entfalten. Sie dürfen nicht braun werden. Kreuzkümmel und Pfeffer ebenso rösten. Die gerösteten Gewürze, Sternanis und Gewürznelken in einem Mörser (oder einer Kaffeemühle) zu Pulver zerstoßen. Gehackte Chilis, Muskatnuss und Zimtpulver zufügen. Gut verrühren und beiseitestellen.
- Frische Zutaten: Die Krabbenpaste sowie alle gehackten Zutaten in einem Mörser vermengen und zerstoßen.
- Die trockenen und die frischen Zutaten vermischen und so lange zerstoßen, bis eine cremige Paste entsteht.

Tipp

Um die frischen Zutaten im Mörser zu zerkleinern, empfiehlt es sich, sie im Vorfeld bereits sehr fein zu hacken. Wenn Sie einen Mixer verwenden, reicht es, die Zutaten nur grob zu hacken.

Die Panangcurrypaste passt zu allen Fleischgerichten und entfaltet ihr Aroma am besten in Zubereitungen mit Kokosmilch, wie etwa dem **panang nuea:** *Panangcurry mit Rindfleisch (siehe Rezept Seite 115).*

nam prik panang

PANANGCURRYPASTE

EINWEICHZEIT: 15 MINUTEN
ZUBEREITUNGSZEIT: 10 MINUTEN
GARZEIT: 5 MINUTEN

Trockene Zutaten
6 rote Chilis, getrocknet
2 TL Koriandersamen
1 TL Kreuzkümmelsamen
5 schwarze Pfefferkörner

Frische Zutaten
1 TL Krabbenpaste
5 Schalotten, gehackt
3 EL Knoblauch, gehackt
1 Stängel Zitronengras, gehackt
2 cm Thai-Ingwer, gehackt
½ EL geriebene Kombavaschale
1 frische Korianderwurzel, gehackt
1 TL Krabbenpaste

- Trockene Zutaten: Die getrockneten Chilis in einer großen Schüssel mit warmem Wasser etwa 15 Minuten einweichen und anschließend fein hacken. Die Koriandersamen in einer beschichteten Pfanne etwa 2 bis 3 Minuten vorsichtig rösten, damit sie ihr Aroma entfalten. Sie dürfen nicht braun werden. Kreuzkümmel und Pfeffer ebenso rösten. Die gerösteten Gewürze in einem Mörser (oder einer Kaffeemühle) zu Pulver zerstoßen. Die gehackten Chilis zufügen. Gut verrühren und beiseitestellen.
- Frische Zutaten: Die Krabbenpaste sowie alle gehackten Zutaten in einem Mörser vermengen und zerstoßen.
- Die trockenen und die frischen Zutaten vermischen und so lange zerstoßen, bis eine cremige Paste entsteht.

TIPP

Um die frischen Zutaten im Mörser zu zerkleinern, empfiehlt es sich, sie im Vorfeld bereits sehr fein zu hacken. Wenn Sie einen Mixer verwenden, reicht es, die Zutaten nur grob zu hacken.

Diese Sauce passt praktisch zu allen frittierten oder trockenen Gerichten, wie Frühlingsrollen oder Salaten. Insofern kann man sie fast als den Essig oder Senf der thailändischen Küche bezeichnen. Sie belebt die Gerichte und verleiht ihnen ein süß-salzig-scharfes Aroma.

nam plaa prik

SCHARFE WÜRZSAUCE MIT FISCH

ZUBEREITUNGSZEIT: 10 MINUTEN
KEINE GARZEIT

3 EL Fischsauce
2 EL grüner Zitronensaft
1 TL Palmzucker
5 frische, rote Vogelaugenchilis, fein gehackt
3 Knoblauchzehen, gehackt
1 Schalotte, gehackt

- Fischsauce und Zitronensaft in einer Schüssel verrühren. Den Palmzucker zufügen und rühren, bis er gelöst ist. Die restlichen Zutaten unterrühren.
- Die Sauce bis zum Servieren im Kühlschrank aufbewahren.

Diese Sauce gehört zu gebackenem Fisch oder Fischkroketten, wie beispielsweise zu thot man plaa *(siehe Rezept Seite 104).*

nam jiem tort man

WÜRZSAUCE MIT SCHARFER GURKE

ZUBEREITUNGSZEIT: 10 MINUTEN
GARZEIT: 5 MINUTEN

1/4 Gurke
200 ml warmes Wasser
1 EL Palmzucker
1 EL Weißweinessig
1 TL Salz
2 Schalotten, fein gehackt
1 EL frische, rote Chilis, in feine Ringe geschnitten (ohne Samen)
2 EL Erdnüsse, geschält und gehackt
Einige Blätter frischer Koriander

- Die Gurke schälen und in sehr dünne Scheiben schneiden.
- In einem Topf Wasser und Zucker erhitzen, bis der Zucker gelöst ist. Essig und Salz zufügen. Gut verrühren und in eine große Schüssel füllen. Vollständig abkühlen lassen.
- Schalotten, Chilis und Gurkenscheiben in die Schüssel geben und alles gut verrühren.
- Die Sauce vor dem Servieren mit gehackten Erdnüssen und Korianderblättern bestreuen.

Von China beeinflusst, findet man diesen Reis vor allem in Rezepten aus dem Norden und Osten Thailands. Er wird traditionell in kleinen geflochtenen Bambuskörbchen, den kratip*, serviert, in denen er auch schonend im Dampf gegart wird.*

Khao nieo

KLEBREIS

FÜR 4 PERSONEN
EINWEICHZEIT: 1 NACHT
ZUBEREITUNGSZEIT: 5 MINUTEN
GARZEIT: 10 BIS 15 MINUTEN

4 Tassen Klebreis
Wasser

- Den Reis in einer großen Salatschüssel mit kaltem Wasser die ganze Nacht wässern: Er saugt sich mit Wasser voll.
- Am nächsten Morgen das überschüssige Wasser abgießen. Den Reis auf die Körbchen verteilen, diese in einen entsprechend großen Bambusdämpfer geben und über einen Topf mit kochendem Wasser stellen. Abdecken und 10 bis 15 Minuten garen (der Reis ist gar, wenn er nicht mehr durchsichtig ist und sich leicht von den Seitenwänden löst). Den Topf vom Herd nehmen und den Reis abgedeckt stehen lassen, um zu vermeiden, dass er austrocknet.

Dieser Reis wird zu allen Currys und Gerichten mit Sauce serviert. Er mildert das Feuer der thailändischen Chilis und macht satt. Somit ist er vergleichbar mit dem Brot in südeuropäischen Ländern. Die Proportionen zum Kochen sind immer 1 Teil Reis und 2 Teile Wasser.

Khao plow

KLASSISCHER THAI-REIS

FÜR 4 PERSONEN
ZUBEREITUNGSZEIT: 5 MINUTEN
GARZEIT: CA. 10 MINUTEN

4 Tassen Wasser
2 Tassen Thai-Reis (Langkornreis)

- Das Wasser in einem Topf aufkochen. Den Reis zufügen und kochen. Dabei regelmäßig rühren, damit nichts überkocht.
- Wenn die Reiskörner außen weich, aber innen noch ein wenig fest sind, das überschüssige Wasser abgießen. Den Reis noch 1 bis 2 Minuten unter Rühren auf dem Herd lassen, damit er etwas trocknet. Er darf nicht mehr klebrig sein.

DER NORDEN THAILANDS

Im Norden Thailands ist das Klima frisch und die Berge sind allgegenwärtig. Hier erstrecken sich die Ausläufer der Himalaya-Kette. Die Küche ist gehaltvoll und kräftigend. Die Einflüsse der Nachbarländer Myanmar (früher Burma), Laos und dem chinesischen Yunnan sind deutlich erkennbar: Man isst reichhaltige Currys, Nudeln, Frittiertes und gegrilltes Schweinefleisch. Bei einem khun-toke*-Essen, dem traditionellen Festtagsessen in Norden Thailands, werden den Gästen fast alle Spezialitäten des Nordens serviert:* kaeng hung lai, namprik ong *und* khao soi. *Man beendet das Dinner mit Longan-Früchten, den typischen Früchten des Nordens. Und wer mag, genießt am Ende eine* khee-yo, *die klassische lokale Zigarette.*

Im Gegensatz zu den vietnamesischen werden die thailändischen Röllchen nicht in Reisteigblätter, sondern in Teigblätter aus Weizen gerollt. Ein weiterer Unterschied: Die Teigblätter sind viereckig. Nur die Art des Zusammenrollens ist dieselbe. Im Tiefkühlregal der asiatischen Supermärkte haben Sie die größte Chance, diese hauchdünnen Teigblätter aus Weizen zu finden. Im Kühlschrank halten sie sich einige Tage.

poh pia

THAILÄNDISCHE RÖLLCHEN

FÜR 8 RÖLLCHEN
ZUBEREITUNGSZEIT: 20 MINUTEN
GARZEIT: 5 MINUTEN

1 EL Nussöl
1 Knoblauchzehe, gehackt
1 Schalotte, gehackt
50 g Schweinefilet, fein gewürfelt
50 g rohe Krabben ohne Schwanz
1 EL Sojasauce
1 EL Austernsauce
1 EL Fischsauce
1 EL Palmzucker
50 g Reisnudeln, in lauwarmem Wasser eingeweicht
1 Karotte, fein gerieben
50 g Chinakohl, fein gehackt
50 g Sojasprossen
8 thailändische Teigblätter
1 Ei, geschlagen
Öl zum Frittieren
(Sonnenblumen- oder Nussöl)

- 1 Esslöffel Nussöl in einem Wok erhitzen. Knoblauch, Schalotte, Schweinefilet und Krabben zufügen. Gut vermengen und bei starker Hitze unter ständigem Rühren braten (das Fleisch muss gut durch sein). Soja-, Austern- und Fischsauce zugießen, dann den Palmzucker unterrühren. Abschmecken und gegebenenfalls nachwürzen. Reisnudeln, Karotte, Chinakohl und Sojasprossen untermischen. 1 Minute dünsten, dann den Wok vom Herd nehmen.
- 1 gehäuften Esslöffel dieser Mischung auf die Ecke eine Teigblattes geben. Die Ecke mit der Füllung soll zu Ihnen zeigen. Nun die Füllung bis zur Hälfte des Blattes einrollen; dann die Ränder rechts und links zur Mitte falten und bis zur äußeren Ecke weiterrollen. Etwas Ei auf die letzte freie Ecke geben, die Rolle verschließen und leicht andrücken. Die anderen Röllchen ebenso fertigstellen.
- Das Frittieröl erhitzen. Sobald das Öl gut heiß ist, die Röllchen etwa 5 Minuten frittieren, dabei regelmäßig wenden, damit sie von allen Seiten gebräunt werden.
- Die Röllchen mit der Sauce nam plaa prik servieren. (siehe Rezept Seite 38).

VARIANTE

Sie können das Schwein durch Rind oder Hühnchen, Krabben oder Tofu ersetzen. Wichtig ist, dass das Fleisch in sehr kleine Würfel geschnitten wird. Beim Gemüse sind alle Variationen möglich, die schnell im Wok garen (Zucchini, Brechbohnen etc.).

In Norden Thailand werden Fleischgerichte häufig mit Schwein zubereitet. Dieses Gericht ist sehr aromatisch und wird vielen schmecken, da es eher mild als scharf ist. Am besten schmeckt es gegrillt. Das Grillaroma passt hervorragend zur süßlichen Note der Kokosnuss.

MOO YANG

GRILLSPIESSE VOM SCHWEIN

FÜR 4 PERSONEN
ZUBEREITUNGSZEIT: 15 MINUTEN
MARINIERZEIT: 2 STUNDEN
GARZEIT: 10 MINUTEN

4 Knoblauchzehen
3 frische Korianderwurzeln, fein gehackt
1 EL Korianderpulver
1 TL weißer Pfeffer, gemahlen
500 g Schweinefilet
200 ml Kokosmilch
2 EL Palmzucker
1 Brühwürfel
3 EL Fischsauce

Bambusspieße

- Die Knoblauchzehen schälen. In einem Mörser (oder mithilfe eines Mixers) Knoblauch und Korianderwurzeln mit Korianderpulver und Pfeffer fein zerkleinern. Dabei solange mixen oder zerdrücken, bis eine Paste entsteht.
- Das Fleisch in dünne Scheiben schneiden.
- In einer großen Schüssel die Knoblauch-Koriander-Paste mit Kokosmilch, Palmzucker, dem zerkrümelten Brühwürfel und Fischsauce vermischen. Das Fleisch zugeben, gut untermengen und 2 Stunden im Kühlschrank marinieren.
- Die Fleischscheiben aus der Marinade heben und auf die Bambusspieße stecken.
- Die Spieße von jeder Seite 5 Minuten grillen.
- Die Spieße mit der Sauce **nam plaa prik** servieren (siehe Rezept Seite 38).

HINWEIS

Wenn Sie keine Korianderwurzeln finden, können Sie sie durch 2 Frühlingszwiebeln und 2 Stängel frischen Koriander ersetzen. Beides zuvor fein hacken.

Myanmar, das alte Burma, grenzt im Westen an Thailand. Die Thailänder burmesischer Herkunft werden **thai yai** *genannt, wörtlich übersetzt „die großen Thais", weil die Thailänder dieser Abstammung die Thailänder selbst als* **thai noi**, *„kleine Thais", bezeichnen.*
Dieses Rezept zeigt nicht nur burmesischen Einfluss, sondern steht auch für die Offenheit der thailändischen Küche, weil es frische Kräuter mit indischen Gewürzen wie Zimt und Kurkuma wunderbar vereint. Aber Vorsicht: Es ist besonders scharf!

path ped neaua burma

RINDERCURRY NACH BURMA-ART

FÜR 4 PERSONEN
EINWEICHZEIT: 15 MINUTEN
ZUBEREITUNGSZEIT: 20 MINUTEN
GARZEIT: 10 MINUTEN

Für die Currypaste
4 rote Chilis, getrocknet
1 Schalotte, gehackt
1 Knoblauchzehe, gehackt
1 Stängel Zitronengras, gehackt
1 cm Thai-Ingwer, grob gehackt
½ TL Kurkumapulver
1 EL Kreuzkümmelpulver
1 TL Zimtpulver
½ TL Krabbenpaste

Für das Rindercurry
500 g Rindfleisch
2 EL Sonnenblumenöl
3 EL Fischsauce
1 EL Palmzucker
2 Schalotten, gehackt
1 EL frischer Ingwer, gehackt

- Zubereitung der Currypaste: Die getrockneten Chilis in einer großen Schale mit warmem Wasser etwa 15 Minuten einweichen.
- In einem Mörser (oder mithilfe eines Mixers) die Chilis mit den restlichen Zutaten fein zerkleinern. Dabei solange mixen oder zerdrücken, bis eine homogene Paste entsteht.
- Zubereitung des Rindercurrys: Das Rindfleisch in mundgerechte Stücke schneiden. 1 Esslöffel Öl und 1 Esslöffel Currypaste im Wok erhitzen. Einige Minuten dünsten, bis die Currypaste zu duften beginnt.
- Das Rindfleisch zugeben und von allen Seiten ungefähr 5 Minuten braten.
- 100 ml Wasser und die Fischsauce zugießen. Alles gut vermengen und weitere 5 Minuten braten, bis das Fleisch zart ist. Den Palmzucker einrühren, dann Schalotten und Ingwer zugeben.
- Den Wok vom Herd nehmen und das Curry sofort mit Reis servieren.

Dies ist ein typisches Rezept aus der Region um Chiang Mai, die Hauptstadt des alten Königreiches Lanna (Lan-na-thai, wörtlich: Millionen Thai-Reisfelder). In dieser Region wird die Wiege Thailands vermutet.

Khao Soi

Gebratene Nudeln mit gelbem Curry

FÜR 4 PERSONEN
ZUBEREITUNGSZEIT: 20 MINUTEN
GARZEIT: 50 MINUTEN

Für die Currypaste

5 getrocknete Chilis, in Würfel geschnitten (ohne Samen)
1 TL Currypulver
2 EL Zitronengras, gehackt
1 frische Korianderwurzel, gerieben
2 EL Schalotten, gehackt
2 EL Knoblauch, gehackt
1 TL Krabbenpaste
1 EL Kurkumapulver

Für das Gericht

4 Hühnerbrustfilets
1 l Kokosmilch
50 ml Sojasauce
200 ml Hühnerbrühe
50 ml Fischsauce
2 EL Palmzucker
Öl zum Frittieren
400 g frische Bami-Nudeln (siehe Seite 18)
Einige Blätter frischer Koriander
Einige Halme Schnittlauch, gehackt
Einige eingelegte Perlzwiebeln

- Zubereitung der Currypaste: In einem Mörser (oder mithilfe eines Mixers) alle Zutaten fein zerkleinern. Dabei solange mixen oder zerdrücken, bis eine homogene Paste entsteht.
- Zubereitung des Gerichts: Die Hühnerbrustfilets in kleine Würfel schneiden. Im Wok 200 ml Kokosmilch erwärmen. Die Currypaste zufügen und aufkochen, bis sie zu duften beginnt.
- Das Hühnerfleisch zugeben und von allen Seiten anbraten. Restliche Kokosmilch, Sojasauce, Hühnerbrühe und Fischsauce zugießen und den Palmzucker einrühren. Ungefähr 30 Minuten köcheln, bis das Fleisch schön zart ist.
- In der Zwischenzeit das Frittieröl in einer Kasserolle (4 bis 5 cm Durchmesser) erhitzen. 100 g Bami-Nudeln in das sehr heiße Öl legen und 30 Sekunden frittieren. Die Nudeln sollten sehr knusprig sein. Auf Küchenpapier abtropfen lassen.
- Die restlichen Bami-Nudeln einige Minuten in einer großen Kasserolle mit kochendem Salzwasser garen. Abgießen.
- Die Suppe mit dem Hühnerfleisch auf 4 große Schalen verteilen. Die gekochten und die frittierten Nudeln ebenfalls zugeben. Mit frischem Koriander und gehacktem Schnittlauch bestreuen. Zum Schluss noch einige Perlzwiebeln zugeben.

Diese Sauce aus Schweinefleisch ist bezeichnend für die Küche des Nordens: Man findet sie von Lampang bis Chiang Rai. Sie gilt als Beilage zu rohem Gemüse, gegrilltem Schweinefleisch oder Schweinswürsten, die auf allen Märkten der Region angeboten werden. Die sehr scharfe Sauce genießt man als Dip mit einem guten Bier!

Nam prik ong

Frisches Gemüse mit einer Sauce aus Schweinefleisch und Tomaten

FÜR 4 PERSONEN
EINWEICHZEIT: 15 MINUTEN
ZUBEREITUNGSZEIT: 15 MINUTEN
GARZEIT: 15 MINUTEN

Für die Currypaste
8 getrocknete Chilis
2 EL Knoblauch, gehackt
3 EL Schalotten, gehackt
1 frische Korianderwurzel, gehackt
1 TL Krabbenpaste

Für die Sauce
150 g reife Kirschtomaten
2 EL Nussöl
2 frische Zwiebeln, gehackt
200 g Schweinefleisch, sehr fein gehackt
2 EL grüner Zitronensaft
2 EL Fischsauce
1 EL Palmzucker
Einige Blätter frischer Koriander

Für die Beilagen
500 g knackiges Gemüse in Stiften oder Würfeln (Karotte, Gurke, Broccoli, Blumenkohl, Sellerie, Mais, grüner Salat, Chinakohl ...)
Verschiedene Würste
Schweinebraten, in dünnen Scheiben

- Zubereitung der Currypaste: Die getrockneten Chilis in einer großen Schale mit warmem Wasser etwa 15 Minuten einweichen.
- Die Chilis entkernen und mit Knoblauch, Schalotten, Korianderwurzel und Krabbenpaste fein mixen.
- Zubereitung der Sauce: Die Kirschtomaten halbieren. Das Öl bei mittlerer Hitze in einer Kasserolle erhitzen, die Currypaste zugeben und 2 bis 3 Minuten dünsten, bis sie zu duften beginnt. Zwiebeln und Tomaten zugeben und 5 Minuten dünsten. Das Fleisch zugeben und weitere 5 Minuten braten. Zum Schluss Zitronensaft, Fischsauce und Palmzucker unterrühren und weitere 5 Minuten köcheln.
- Die Sauce in eine Schale füllen und mit Korianderblättern bestreuen. Mit Gemüse, Würsten und Schweinebraten servieren.

Wörtlich übersetzt bedeutet das thailändische Wort **kaeng**, *manchmal auch* **gaeng** *oder* **gang** *geschrieben, Curry im asiatischen Sinne.* **khia** *bedeutet grün,* **waan** *süß, und* **kai** *– auch* **gai** *geschrieben – Hühnchen. Und schon beherrschen Sie die thailändische Sprache!*

kaeng khia waan kai

HÜHNCHEN MIT GRÜNEM CURRY

FÜR 4 PERSONEN
ZUBEREITUNG: 20 MINUTEN
GARZEIT: 25 MINUTEN

400 g Hühnerbrustfilet
100 g Bohnen oder Broccoli
1 Aubergine
2 frische grüne Vogelaugenchilis
2 frische rote Vogelaugenchilis
4 Kaffirlimettenblätter
2 EL Nussöl
2 EL grüne Currypaste (siehe Rezept Seite 26)
500 ml Kokosmilch
400 ml Hühnerbrühe
1 EL Fischsauce
½ EL Palmzucker
50 g Thai-Basilikum

- Die Hühnerbrustfilets in mundgerechte Würfel schneiden.
- Bohnen und Auberginen waschen und ebenfalls in mundgerechte Würfel schneiden.
- Chilis und Kaffirlimettenblätter fein hacken.
- Den Wok auf mittlerer Stufe erhitzen. Öl, grüne Currypaste, Chilis und Kaffirlimettenblätter zugeben und solange erhitzen, bis die Currypaste zu duften beginnt. Die Hitze reduzieren und ein Drittel der Kokosmilch zugießen. Ungefähr 5 Minuten kochen lassen, bis die Kokosmilch ölig geworden ist.
- Das Hühnerfleisch in den Wok geben und 5 Minuten mitbraten. Die restliche Kokosmilch und die Hühnerbrühe zugießen. Das Gemüse zugeben, alles gut vermischen und weitere 5 Minuten kochen. Mit Fischsauce und Palmzucker abschmecken. Nochmals 2 bis 3 Minuten kochen, dann den Wok vom Herd nehmen.
- Das Curry auf vier Schalen verteilen und mit Thai-Basilikum garnieren. Sofort mit Thai-Reis (siehe Rezept Seite 40) servieren.

Dieses Rezept aus dem Norden Thailands ist ein tausendfach bewahrtes Geheimnis. Jede Familie in Chiang Mai hat ihr eigenes, einzigartiges Rezept und gibt es nur selten weiter. Ursprünglich wird nur Schweinefleisch verwendet, z. B. ein weiches und schmackhaftes Vorderrückenstück oder ein zartes Filet. Es schmeckt aber mit einer Mischung verschiedener Fleischarten wie Schwein und Rind oder Schwein und Huhn ebenso köstlich.

kaeng hang lai

SCHWEINECURRY AUS CHIANG MAI

FÜR 4 PERSONEN
EINWEICHZEIT: 15 MINUTEN
ZUBEREITUNGSZEIT: 20 MINUTEN
MARINIERZEIT: 1 STUNDE
GARZEIT: 30 MINUTEN

Für die Currypaste

10 rote Chilis, getrocknet
3 Schalotten, gehackt
4 Knoblauchzehen, gehackt
2 Stängel Zitronengras, gehackt
2 EL frischer Ingwer, gehackt
1 TL Krabbenpaste

Für das Schweinecurry

500 g Schweinefleisch
2 EL Fischsauce
2 EL Palmzucker
1 TL Hang-lai-Gewürzmischung (Kreuzkümmelpulver, Kurkumapulver, Korianderpulver und geriebene Muskatnuss zu gleichen Teilen)
2 EL Erdnussöl
300 ml Kokosmilch
2 EL süße Sojasauce
3 EL Tamarindenpaste
1 EL frischer Ingwer, in dünne Stifte geschnitten
1 EL Erdnüsse

- Zubereitung der Currypaste: Die getrockneten Chilis in einer großen Schale mit warmem Wasser etwa 15 Minuten einweichen.
- Die Chilis entkernen und mit allen anderen Zutaten zu einer sehr feinen Creme mixen.
- Zubereitung des Currys: Das Fleisch in mundgerechte Würfel schneiden. In einer großen Schüssel die Currypaste mit Fischsauce, Palmzucker und der Hang-lai-Gewürzmischung vermischen. Das Fleisch zugeben, sorgfältig in der Marinade wenden und 1 Stunde marinieren.
- Das Öl im Wok erhitzen und das Fleisch mit der Marinade von allen Seiten anbraten. Kokosmilch und Sojasauce zugießen und aufkochen. Tamarindenpaste und Ingwer unterrühren. Weitere 20 Minuten bei schwacher Hitze köcheln, bis die Flüssigkeit vollständig verdampft ist.
- In der Zwischenzeit die Erdnüsse rösten und grob hacken.
- Das Curry vor dem Servieren mit den Erdnüssen bestreuen und Klebreis (siehe Rezept Seite 40) dazu reichen.

Der Nordosten Thailands

Wie die Thailänder selbst sagen, erinnert die Region von Isan an den Grenzen zu Laos und Kambodscha an das exotische Thailand von vor 20 Jahren. Hier fährt man noch Fahrrad, der Tourismus ist kaum entwickelt und die Tempel haben sich ihre Ursprünglichkeit bewahrt. Die Küche des Isan folgt diesen Charakteristika: einfach und fast nur auf Gemüse beruhend. Fleisch findet nur an Festtagen den Weg auf den Tisch. Noch sehr ländlich ist diese Region gleichwohl das Versuchsfeld der ersten Winzer, die ihre Reben hier Mitte der 1990er-Jahre anpflanzten. Mit 160 Hektar Weinbergen bestreiten die Thailänder allmählich einen immer größeren Anteil an den Weinen der sogenannten „Neuen Welt“.

yam bedeutet Salat. In Nordosten Thailands wird er häufig mit kurzgebratenem, mariniertem Fleisch, Gemüse und Chilis zubereitet. Vor allem in großen Hitzeperioden kann man diesen reichhaltigen, aber erfrischenden Salat jederzeit vorbereiten und bis zum Servieren im Kühlschrank aufbewahren.

yam nuea nam tok

RINDFLEISCHSALAT MIT MINZE

FÜR 4 PERSONEN
ZUBEREITUNGSZEIT: 20 MINUTEN
KEINE GARZEIT

300 g gegrilltes Rindersteak
150 g Kirschtomaten
50 ml Fischsauce
50 ml grüner Zitronensaft
1 TL Vorgelaugenchilis, gehackt
1 EL frisches Zitronengras, gezupft
1 EL Palmzucker
3 Stängel chinesischer Sellerie, grob gehackt
½ Gurke, fein gewürfelt
3 frische Zwiebeln, grob gehackt
3 Schalotten, gehackt
3 EL frischer Koriander, gezupft
3 EL frische Minze, gezupft

- Das Rindersteak in dünne Scheiben schneiden. Die Kirschtomaten halbieren oder vierteln.
- In einer großen Schüssel Fischsauce, Zitronensaft, Chilis, Zitronengras und Palmzucker vermischen. Das Fleisch zugeben und sorgfältig in der Marinade wenden.
- Kirschtomaten, Sellerie, Gurke, Zwiebeln und Schalotten untermischen. Mit Koriander und Minze bestreuen. Sofort servieren.
- Servieren Sie den Salat mit Klebreis (siehe Rezept Seite 40) und getrocknetem Chilipulver zum Nachwürzen.

lap nuea

lap bedeutet „frischer Salat“. Das Rezept ist dasselbe, aber das Fleisch wird fein gehackt. Man kennt es mit Schwein (lap moo), mit Ente (lap ped) oder mit Hühnchen (lap kai).

In der Region von Isan im Nordosten Thailands wird der Salat aus grünen Papayas als **tum som** bezeichnet. Im restlichen Land kennt man ihn unter dem Namen **som tam** – hier fügt man auch einige Stücke getrockneten Fisch oder Sardellen hinzu. Im Süden Thailands genießt man ihn mit getrockneten Krabben oder gerösteten Erdnüssen.

tum som

SALAT MIT GRÜNER PAPAYA

FÜR 4 PERSONEN
ZUBEREITUNGSZEIT: 20 MINUTEN
KEINE GARZEIT

1 grüne Papaya, ca. 600 g
50 g Bohnen
2 Knoblauchzehen
3 frische grüne Vogelaugenchilis
2 Sardellen in Öl
2 Tomaten, blanchiert, geschält und fein gewürfelt
3 EL Palmzucker
4 EL grüner Zitronensaft
4 EL Fischsauce
2 EL getrocknete Krabben (optional)
50 g geröstete Erdnüsse (optional)

- Die Papaya schälen und grob raspeln.
- Die Stielansätze der Bohnen entfernen und die Bohnen in 1 cm große Stücke schneiden. Den Knoblauch schälen.
- In einem großen Mörser oder einer Salatschüssel Knoblauch, Chilis und Sardellen zerstoßen. Bohnen und Tomaten zufügen. Erneut alles zerkleinern und gut vermischen. Papaya, Palmzucker, Zitronensaft und Fischsauce zugeben. Alles gut vermengen und einige Minuten ziehen lassen.
- Den Salat nach Belieben mit getrockneten Krabben und gerösteten Erdnüssen bestreuen und sofort servieren.

mamuang si khei

GRÜNE MANGO MIT CHILI

Die Thailänder lieben grüne Papayas, aber auch Mangos – viele Menschen genießen Mangos auf der Straße als Snack-to-go. Die Mango schälen und in ca. 1 cm große Stifte schneiden. 1 Esslöffel Zucker, 1 große Prise Salz und ½ Teelöffel Chilipulver vermischen. Die Fruchtstücke mit dieser Mischung bestreuen und genießen.

Diese Suppe zeigt den Einfluss Kambodschas. Man genießt sie sehr heiß.

Moo Tun

Gemüsebrühe mit Chilis und Schweinefleisch

FÜR 4 PERSONEN
ZUBEREITUNGSZEIT: 20 MINUTEN
GARZEIT: 50 MINUTEN

500 g Schweinefilet
1 Zimtstange
1 cm Galangawurzel
1 frische Korianderwurzel
1 Lorbeerblatt
½ EL Salz
½ EL weißer Pfeffer
2 EL gesalzene Sojasauce
1 EL süße Sojasauce
1 Karotte
200 g Sojasprossen
Einige frische Korianderblätter
3 cm chinesischer Sellerie, fein gehackt
2 EL gebratener Knoblauch (siehe Hinweis rechts unten)

- Das Fleisch in mundgerechte Stücke schneiden.
- Zimtstange, Galanga- und Korianderwurzel, Lorbeerblatt, Salz und Pfeffer in einen Schmortopf geben. Sojasaucen und Fleisch zugeben und mit Wasser bedecken. Aufkochen lassen und abgedeckt ungefähr 50 Minuten kochen. Das Fleisch muss sehr zart sein.
- Die Karotte schälen und fein würfeln.
- Karottenwürfel und Sojasprossen in einer Kasserolle mit kochendem Wasser 3 bis 4 Minuten blanchieren. Das Gemüse abgießen und auf 4 Servierschälchen verteilen.
- Das Fleisch aus dem Schmortopf heben und ebenfalls auf die vier Schälchen verteilen.
- Die Fleischbrühe durch ein Sieb gießen und in die Servierschälchen füllen. Einige Korianderblätter, etwas gehackten Sellerie und gebratenen Knoblauch zugeben.

Gebratener Knoblauch

4 Knoblauchzehen schälen und fein hacken. Frittieröl (1 bis 2 cm hoch) im Wok oder einer Kasserolle erhitzen und den Knoblauch frittieren, bis er hellbraun ist. Mit einem Schaumlöffel herausheben und auf Küchenpapier abtropfen lassen.

Dieses Rezept ist eine Variation eines Rezeptes von Sompon Nabnian, Chefkoch der Chiang-Mai-Thai-Kochschule, heute ein weltbekannter Koch. Bei der BBC gilt Nabnian als Experte für die thailändische Küche.

Yam Makua

Auberginensalat

FÜR 4 PERSONEN
ZUBEREITUNGSZEIT: 20 MINUTEN
GARZEIT: 5 MINUTEN
RUHEZEIT: 1 STUNDE

Für die Currypaste

2 rote Vogelaugenchilis, getrocknet
2 Schalotten, gehackt
2 Knoblauchzehen, gehackt
1 TL Krabbenpaste

Für den Salat

8 Eier-Auberginen
Salz
2 EL Öl
200 g Schweinefilet, gehackt
1 EL Fischsauce
2 EL frittierte Schalotten
2 EL frittierter Knoblauch (siehe Hinweis rechts unten)
Einige frische Korianderblätter

- Die Auberginen waschen und die Stiele entfernen. Die Früchte der Länge nach halbieren und in dünne Scheiben schneiden. Mit 1 Teelöffel Salz in eine Salatschüssel mit kaltem Wasser geben.
- Zubereitung der Currypaste: Alle Zutaten in einem Mörser (oder einem Mixer) zerkleinern, bis eine glatte, homogene Paste entstanden ist.
- Das Öl in einem Wok erhitzen. Die Currypaste zufügen und erhitzen, bis sie zu duften beginnt.
- Das Fleisch zugeben und 5 Minuten unter Rühren braten. Die Fischsauce zugießen, alles gut vermischen und den Herd ausschalten.
- Die Auberginen abgießen und auf Küchenpapier trockentupfen. In den Wok geben und sorgfältig unterrühren.
- Den Auberginensalat auf verschiedene Teller verteilen und 1 Stunde in den Kühlschrank stellen.
- Den Salat kurz vor dem Servieren mit frittierten Schalotten und Knoblauch bestreuen und mit Korianderblättern garnieren.

Schalotten und Knoblauch

Schalotten und Knoblauch schälen und hacken. Getrennt einige Minuten in heißem Sonnenblumenöl frittieren (in einer Fritteuse bei 180 °C oder in einer Kasserolle). Schalotten und Knoblauch nicht zusammen frittieren: Der Knoblauch ist trockener und wird schneller braun.

Strohpilze sind normale Champignons, die auf Reisstroh wachsen. Sie sind knackig und schmecken leicht modrig. Frisch findet man sie sehr selten. Meist werden sie bereits gekocht im Glas angeboten.

Kaeng het

Curry mit Strohpilzen

FÜR 4 PERSONEN
ZUBEREITUNGSZEIT: 10 MINUTEN
GARZEIT: 5 MINUTEN

400 ml Kokosmilch
EL rote Currypaste (siehe Rezept Seite 30)
100 ml Gemüsebrühe
300 g Strohpilze im Glas
3 EL Fischsauce
1 EL Palmzucker
4 Kaffirlimettenblätter
1 frische rote Chili, der Länge nach in Scheiben geschnitten
1 grüne und 1 rote Chili, in Ringe geschnitten (zum Garnieren)

- In einem Wok die Hälfte der Kokosmilch bei mittlerer Hitze erwärmen, bis die Oberfläche leicht ölig wird. Die Currypaste zugeben und 3 Minuten kochen, bis sie zu duften beginnt.
- Die restliche Kokosmilch und die Gemüsebrühe zugießen. Pilze, Fischsauce, Palmzucker, Kaffirlimettenblätter und rote Chli zufügen und alles gut vermischen. Erneut aufkochen, dann den Wok vom Herd nehmen.
- Das Curry auf Servierschalen verteilen, mit einigen roten und grünen Chiliringen garnieren und servieren.

Es war auf dem schwimmenden Markt von Thonbury, einem Stadtteil von Bangkok, auf dem ich dieses Rezept entdeckte. Auf seiner schwimmenden Barke – die fast nur aus Küche bestand – bot ein Koch auf dem Fluss Chao Praya seinen hungrigen Gästen dieses gebackene Gemüse an, wunderbar delikat und frisch.

phak kom naa

GEBACKENES GEMÜSE

FÜR 4 PERSONEN
ZUBEREITUNGSZEIT: 20 MINUTEN
GARZEIT: 5 MINUTEN

Öl zum Frittieren
150 g Mehl
1 Päckchen Backpulver
1 Ei
70 ml Wasser
½ TL Salz
Pfeffer
500 g knackiges grünes Gemüse (Algenblätter, chinesicher Sellerie, Zucchini ...)

- Das Öl auf 190 °C vorheizen.
- Mehl und Backpulver sieben.
- Das Ei in einer großen Schüssel schaumig schlagen. Nach und nach Mehl und Backpulver zufügen, dabei weiter schlagen. Unter ständigem Schlagen das Wasser nach und nach zugießen. Salzen und pfeffern.
- Das Gemüse portionsweise im Teig wenden und frittieren, bis es von allen Seiten leicht gebräunt ist. Mit einem Schaumlöffel herausheben und auf Küchenpapier abtropfen lassen.
- Mit einer scharfen Chilisauce beispielsweise sriracha (im asiatischen Supermarkt) oder der Sauce nam plaa prik (siehe Rezept Seite 38) servieren.

khao bedeutet Reis und phat im Wok gebraten. Die zahlreichen Varianten dieses Gerichts richten sich nach Jahreszeit und Gemüsesaison. Sie können alles ausprobieren! Dieses reichhaltige und preiswerte Gericht ist in ganz Thailand bekannt.

khao phat nuea

GEBRATENER REIS MIT GEMÜSE UND RIND

FÜR 4 PERSONEN
ZUBEREITUNGSZEIT: 15 MINUTEN
GARZEIT: 15 MINUTEN

50 g Bohnen
5 Babymaiskölbchen
½ rote Paprika
2 Tomaten, blanchiert und geschält
4 EL Sonnenblumenöl
1 weiße Zwiebel, gehackt
2 Knoblauchzehen, gehackt
150 g rohes Rindfleisch, sehr dünn geschnitten
1 EL Zucker
400 g Thai-Reis, gedämpft und abgekühlt
1 Ei
Einige Blätter frischer Koriander

- Die Bohnen in etwa 1 cm lange Stücke schneiden, die Maiskolben in Ringe schneiden.
- Paprika und Tomaten fein würfeln.
- In einem Wok 2 Esslöffel Öl erhitzen und Zwiebel und Knoblauch bei mittlerer Hitze 2 Minuten dünsten. Das Fleisch zufügen und 2 Minuten unter Rühren anbraten.
- Das gesamte Gemüse mit dem Zucker zugeben und 2 bis 3 Minuten kochen lassen. Den Reis zugeben und weitere 2 bis 3 Minuten kochen.
- Gemüse und Reis auf eine Seite des Woks schieben. Das restliche Öl in den Wok gießen, das Ei zugeben und zu einem Rührei braten. Sobald es gar ist, mit den anderen Zutaten vermengen.
- Mit einigen Korianderblättern bestreuen und sofort servieren.

khao phat kung

GEBRATENER REIS MIT KRABBEN

Ersetzen Sie das Rindfleisch durch rohe Krabben und geben Sie einige Cashewnüsse zu, damit das Gericht schön knackig wird.

Auf thailändischen Märkten werden häufig frische Bambussprossen angeboten – bei uns findet man sie nur sehr selten. Diese Sprossen müssen lange (mindestens 1 Stunde) in reichlich kochendem Wasser garen. Wenn Sie Bambussprossen mit Blättern finden, erwarten Sie nicht, dass Sie mehr zu essen hätten! Mit Bambussprossen ist es fast so wie mit Artischocken: Man muss unendlich viele Blätter entfernen, bis man findet, was wirklich schmeckt. Aber es lohnt sich in jedem Fall!

KAENG PHAT KAI SI NAOMAI

HÜHNERCURRY MIT BAMBUSSPROSSEN

FÜR 4 PERSONEN
ZUBEREITUNGSZEIT: 10 MINUTEN
GARZEIT: 20 MINUTEN

400 g Hühnerbrustfilet
400 ml Kokosmilch
3 EL rote Currypaste für Fleisch (siehe Rezept Seite 32)
100 ml Hühnerbrühe
2 EL Fischsauce
1 ½ EL Palmzucker
300 g gekochte Bambussprossen (im Glas)
4 Kaffirlimettenblätter
2 frische rote Chilis, diagonal in Streifen geschnitten
1 EL Thai-Basilikum und einige Blätter zum Garnieren

- Das Hühnerfleisch in mundgerechte Würfel schneiden.
- Die Hälfte der Kokosmilch in einen Wok gießen. Bei mittlerer Hitze erwärmen, dann aufkochen, bis die Milch ölig wird. Die Currypaste zufügen und braten, bis sie zu duften beginnt.
- Die Hitze reduzieren und die Fleischwürfel zugeben. Mit der restlichen Kokosmilch und der Hühnerbrühe übergießen. Mit Fischsauce und Palmzucker abschmecken. Bambussprossen, Kaffirlimettenblätter, Chilis und Thai-Basilikum zufügen. Alles gut vermischen, dann den Wok vom Herd nehmen.
- Das Curry auf Servierschalen verteilen und mit einigen Basilikumblättern garnieren. Mit weißem Reis servieren (siehe Rezept Seite 40).

KAENG PHAT PLAH SAI NAOMAI

FISCHCURRY MIT BAMBUSSPROSSEN

Für dieses Gericht können Sie auch Fischfilets verwenden. Ersetzen Sie dann aber die rote Currypaste für Fleisch durch die für Fisch und Meeresfrüchte (siehe Rezept Seite 30) und die Hühner- durch Fischbrühe.

Mit seiner kurkumagelben Currypaste kann dieses indisch inspirierte Gericht ebenso vollkommen vegetarisch gekocht werden. Verwenden Sie dazu Zucchini, andere süße Gemüsesorten oder auch Kartoffeln.

Kaeng Kari Fak Thaoung

Kürbiscurry

FÜR 4 PERSONEN
ZUBEREITUNGSZEIT: 20 MINUTEN
GARZEIT: 20 MINUTEN

400 g Kürbis
400 g Hühnerbrustfilet
500 ml Kokosmilch
1 EL gelbe Currypaste (siehe Rezept Seite 29)
1 EL Fischsauce
1 TL Palmzucker
12 Kirschtomaten
1 rote Thai-Chili, diagonal in Streifen geschnitten

- Den Kürbis schälen und das Fruchtfleisch in mundgerechte Stücke schneiden.
- Die Kürbiswürfel in einen Topf mit kochendem Wasser geben und 10 Minuten garen, bis sie etwas weicher sind. Abgießen und abdecken.
- Das Hühnerfleisch in kleine Würfel schneiden.
- Die Hälfte der Kokosmilch in einem Wok bei mittlerer Hitze erwärmen, bis die Oberfläche leicht ölig wird. Gelbe Currypaste und Fleischwürfel zugeben und alles gut vermischen. Fischsauce, Palmzucker, Kürbis, Tomaten und Chili zugeben. Die restliche Kokosmilch zugießen und alles gut vermischen. Die Hitze reduzieren und das Curry 5 Minuten kochen. Dazu weißen Reis servieren (siehe Rezept Seite 40).

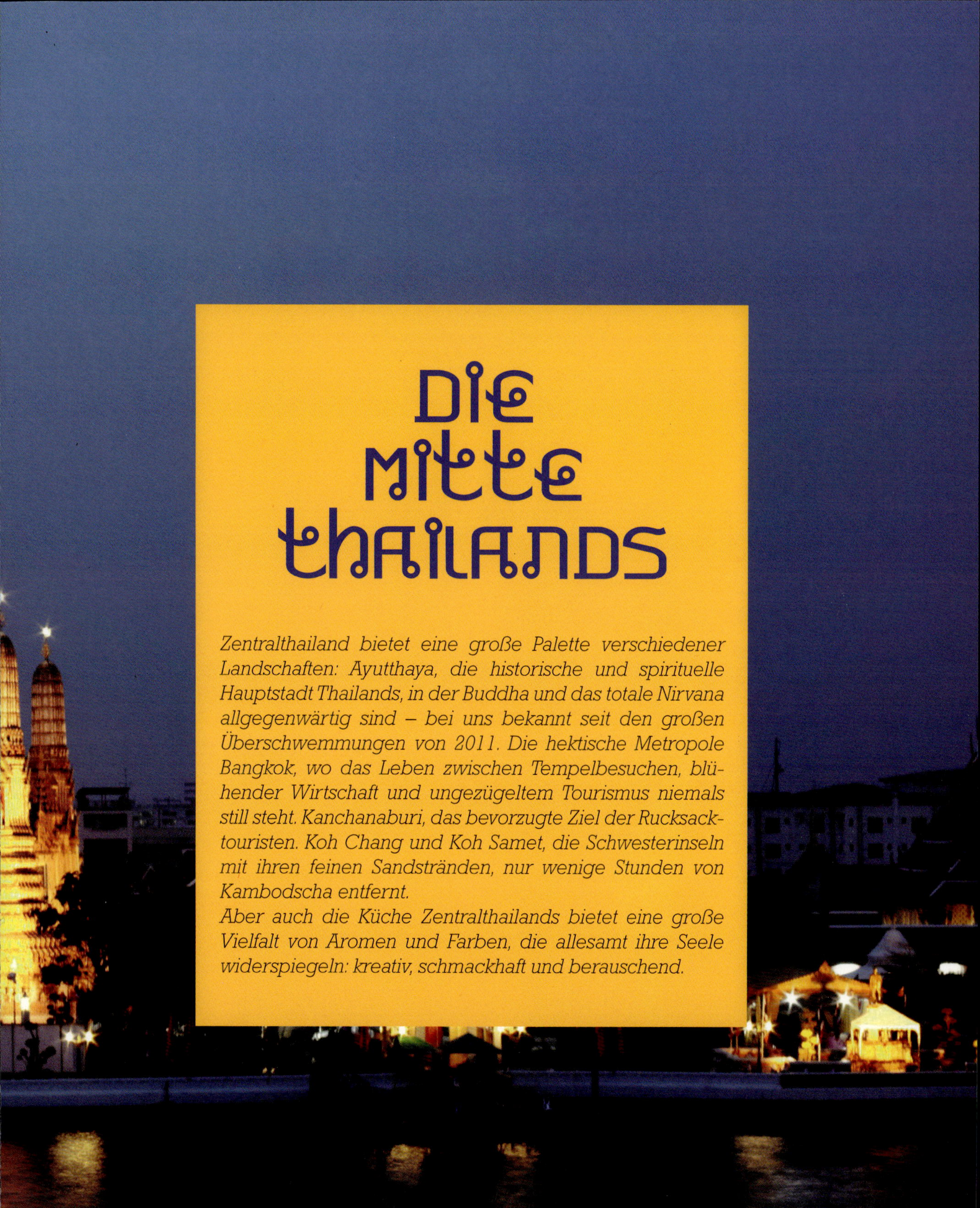

Die Mitte Thailands

Zentralthailand bietet eine große Palette verschiedener Landschaften: Ayutthaya, die historische und spirituelle Hauptstadt Thailands, in der Buddha und das totale Nirvana allgegenwärtig sind – bei uns bekannt seit den großen Überschwemmungen von 2011. Die hektische Metropole Bangkok, wo das Leben zwischen Tempelbesuchen, blühender Wirtschaft und ungezügeltem Tourismus niemals still steht. Kanchanaburi, das bevorzugte Ziel der Rucksacktouristen. Koh Chang und Koh Samet, die Schwesterinseln mit ihren feinen Sandstränden, nur wenige Stunden von Kambodscha entfernt.

Aber auch die Küche Zentralthailands bietet eine große Vielfalt von Aromen und Farben, die allesamt ihre Seele widerspiegeln: kreativ, schmackhaft und berauschend.

Für dieses Rezept ist es wichtig, Soja-Glasnudeln, woon sen, *und nicht Reis-Glasnudeln,* kanom jeene, *zu verwenden. Erstere bleiben auch nach dem Kochen glänzend und durchscheinend, während letztere weiß werden und für thailändische Röllchen (siehe Seite 45) oder das berühmte Gericht* mee krop *(siehe Seite 82) verwendet werden.*

YUM WOON SEN

GLASNUDELSALAT MIT GEMÜSE

FÜR 4 PERSONEN
EINWEICHZEIT: 15 MINUTEN
ZUBEREITUNGSZEIT: 25 MINUTEN
GARZEIT: 10 MINUTEN

100 g Soja-Glasnudeln (woon sen)
6 Krabben
2 EL getrocknete Krabben
50 g Schweinefleisch, in dünne Streifen geschnitten
50 g frische Pilze (Strohpilze, Shiitakepilze, Champignons)
1 Stängel chinesischer Sellerie, grob gehackt
Einige Salatblätter zum Servieren
1 Vogelaugenchili, in kleine Ringe geschnitten
3 kleine Zwiebeln, in Ringe geschnitten

Für die Sauce
2 Schalotten, gehackt
2 frische Korianderwurzeln
50 ml Fischsauce
50 ml grüner Zitronensaft
3 EL Palmzucker

- Die Glasnudeln 15 Minuten in einer großen Schüssel mit lauwarmem Wasser einweichen.
- Alle Zutaten für die Sauce in eine Kasserolle geben und bei schwacher Hitze aufkochen. Vom Herd nehmen und vollständig abkühlen lassen.
- Die Nudeln abgießen und in kleine Stücke schneiden. In reichlich kochendem Salzwasser 2 Minuten kochen. Mit kaltem Wasser abschrecken.
- Die Krabben 1 bis 2 Minuten in kochendem Salzwasser blanchieren und anschließend abschrecken.
- Die getrockneten Krabben in einem Wok oder einer beschichteten Pfanne einige Minuten knusprig braten.
- Nudeln und Sauce in einer Schüssel vermengen. Krabben, Schweinefleisch, Pilze und Sellerie untermischen.
- Servierschälchen mit Salatblättern auslegen und die Nudelmasse darauf verteilen. Mit gerösteten Krabben und Chili- und Zwiebelringen bestreuen und servieren.

mee krop bedeutet auf thailändisch „knusprige Nudeln". Genießen Sie die Nudeln, sobald sie fertig sind, damit sie noch schön knusprig sind. Sie werden nämlich schnell weich und klebrig.

mee krop

Gebratene Nudeln

FÜR 4 PERSONEN
ZUBEREITUNGSZEIT: 30 MINUTEN
GARZEIT: 25 MINUTEN

1 Paket Reis-Glasnudeln (kanom jeene)
Öl zum Frittieren
100 g frischer Tofu, fein gewürfelt
50 g getrocknete Krabben
3 Schalotten, fein gehackt
2 Eier, geschlagen
4 Frühlingszwiebeln, fein gehackt
½ rote Paprika, in feine Streifen geschnitten
100 g frische Sojasprossen
½ Bund frischer Koriander

Für die Sauce
1 EL Erdnussöl
2 EL Schalotten, gehackt
2 EL Knoblauch, gehackt
100 ml Tamarindensauce
4 gehäufte EL Palmzucker
2 EL grüner Zitronensaft
6 EL Fischsauce
1 EL Tomatenmark (oder Ketchup)

- Die Nudeln aus dem Paket nehmen und leicht entwirren. In einem Wok eine großzügige Menge Frittieröl erhitzen. Sobald das Öl heiß ist, die Nudeln zugeben (sie gehen auf wie Popcorn) und unter kräftigem Rühren 2 bis 3 Minuten bräunen. Mit einem Schaumlöffel herausheben und auf Küchenpapier abtropfen lassen.
- Das Öl erneut erhitzen (eventuell noch etwas zugießen). Sobald das Öl heiß ist, nacheinandern Tofu, getrocknete Krabben und Schalotten frittieren, bis sie braun und knusprig sind. Mit einem Schaumlöffel herausheben und auf Küchenpapier abtropfen lassen.
- Das Öl, bis auf einen kleinen Rest, aus dem Wok abgießen. Die geschlagenen Eier zugeben, ein Omelette braten und in feine Streifen schneiden.
- Zubereitung der Sauce: Den Wok auswischen. Das Erdnussöl erhitzen und alle Zutaten für die Sauce zugeben. Bei schwacher Hitze etwa 15 Minuten kochen. Die Sauce sollte fast sirupartig sein.
- Tofu, Schalotten und getrocknete Krabben zu der Sauce geben und alles gut vermengen. Die frittierten Nudeln unterrühren.
- Den Wok vom Herd nehmen und die Nudeln mit gehackten Frühlingszwiebeln und Paprikastreifen bestreuen.
- Die Nudeln mit den Omelettestreifen, Sojasprossen und Korianderblättern servieren.

NAMTHIP

Die Blätter der tropischen Pandanuspalme sind lang und haben sehr scharfe Kanten. Man verwendet sie wie Bananenblätter, umwickelt diverse Zutaten, um sie zu dämpfen oder zu frittieren. Zerreibt man das Blatt, entsteht ein grünlicher Saft, der so manches Dessert aromatisiert, wie wir es von der Vanille kennen (siehe Rezept Kürbis mit Kokoscreme Seite 126).

Kai hoa bai toei

Huhn in Pandanusblättern

FÜR 4 PERSONEN
ZUBEREITUNGSZEIT: 20 MINUTEN
RUHEZEIT: 1 STUNDE
GARZEIT: 15 MINUTEN

400 g Hühnerbrustfilet
4 Knoblauchzehen, gehackt
2 frische Korianderwurzeln
150 ml Kokosmilch
2 EL Sojasauce
2 EL Palmzucker
2 EL Sesamöl

Öl zum Frittieren
20 Pandanusblätter
Zahnstocher

- Das Hühnerbrustfilet in kleine Würfel schneiden.
- Die Fleischwürfel mit den restlichen Zutaten zu einer glatten Masse mixen. Die Masse in eine Schüssel geben, mit Klarsichtfolie abdecken und 1 Stunde im Kühlschrank ruhen lassen.
- Aus 1 Pandanusblatt einen Kegel formen und mit etwas Fleischmasse füllen. Mit den überstehenden Blattspitzen zu einem dreieckigen Päckchen falten und mit Zahnstochern verschließen. Die restlichen Pandanusblätter ebenso verarbeiten.
- Das Frittieröl auf 170 °C erhitzen. Die Päckchen in das Öl geben und 5 bis 10 Minuten frittieren, bis die Blätter dunkelgrün bis khakifarben sind.
- Die Päckchen mit der pikanten Sriracha-Sauce oder einer Sauce mit Pflaumen servieren.

Moo hoa bai toei

Schwein in Pandanusblättern

Sie können dieses Rezept auch mit Schweinefilet zubereiten. Außerdem können Sie die Päckchen alternativ im Backofen bei 200 °C circa 15 Minuten backen.

Der Begriff **phla** *bezeichnet ein Rezept, das in Minutenschnelle gekocht und mit einer Marinade aus grüner Zitrone gewürzt wird. Dieser pikante Salat ist einer der großen thailändischen Klassiker: Er wird häufig mit Krabben,* **kung**, *oder mit Tintenfisch,* **mouk**, *angeboten.*

phla kung

SCHARFER SALAT MIT KRABBEN

FÜR 4 PERSONEN
ZUBEREITUNGSZEIT: 25 MINUTEN
GARZEIT: 10 MINUTEN

300 g rohe Krabben ohne Schwanz
2 Schalotten, gehackt
4 cm frischer Ingwer, in feine Streifen geschnitten
2 Stängel Zitronengras, fein gehackt
4 Kaffirlimettenblätter, fein gezupft
½ Bund frische Minze, gezupft
Einige Wirsing- oder Salatblätter zum Garnieren

Für die Sauce
3 rote Chilis, fein gehackt
3 EL grüner Zitronensaft
3 EL Fischsauce
2 EL Palmzucker

- Die Krabben 2 Minuten in einer Kasserolle mit kochendem Salzwasser garen. Abgießen, unter kaltem Wasser abschrecken und vollständig abkühlen lassen.
- Kurz vor dem Servieren alle Zutaten für die Sauce in einer Salatschüssel verrühren. Die Krabben und die restlichen Salatzutaten zufügen.
- Einige Wirsing- oder Salatblätter auf einzelne Teller verteilen. Den Krabbensalat darauf anrichten und sofort servieren.

phla mouk
SCHARFER SALAT MIT TINTENFISCH

Die Krabben durch Tintenfisch ersetzen (er sollte frisch sein; tiefgefrorener Tintenfisch verliert zu viel Wasser). Den Tintenfisch einige Minuten in kochendem Wasser mit 2 Esslöffel Essig garen. Das macht ihn zarter.

Diese Suppe gehört zu den bekanntesten und auch beliebtesten Gerichten aus Thailand. Sie ist eine gute Möglichkeit, sich mit der Galanga vertraut zu machen, einer Wurzel, die in der thailändischen Küche häufig verwendet wird und die durch nichts zu ersetzen ist. Ihr verdanken wir den einzigartigen säuerlichen Geschmack. Allerdings sollte man sie nicht essen, auch gekocht bleibt sie hart: Sie dient nur zum Würzen des Gerichts (auch wenn viele Thailänder gern an ihr knabbern).

Tom kha kai

HÜHNERSUPPE MIT KOKOSMILCH UND GALANGA

FÜR 4 PERSONEN
ZUBEREITUNGSZEIT: 10 MINUTEN
GARZEIT: 10 MINUTEN

600 ml Hühnerbrühe
400 ml Kokosmilch
4 Kaffirlimettenblätter
2 EL Galanga, in feine Streifen geschnitten
1 frische Korianderwurzel
1 EL Zitronengras, fein gehackt
400 g Hühnerbrustfilet
1 Prise Salz
1 EL grüner Zitronensaft
4 frische rote Vogelaugenchilis, zerstoßen
Einige frische Korianderblätter zum Garnieren

- Die Hühnerbrühe mit Kokosmilch, Kaffirlimettenblättern, Galanga, Korianderwurzel und Zitronengras in einem Wok aufkochen und 4 bis 5 Minuten kochen.
- Das Hühnerfleisch in dünne Scheiben schneiden. In die Suppe geben und weitere 5 Minuten kochen.
- Salz, Zitronensaft und Chilis zugeben. Gut verrühren und den Wok vom Herd nehmen.
- Die Suppe in Servierschalen füllen, mit Korianderblättern garnieren und sofort servieren.

Tom kha kung

PIKANTE SUPPE MIT KRABBEN

Wenn Sie das Hühnerfleisch durch Krabben ersetzen, müssen Sie die Garzeit auf 1 bis 2 Minuten reduzieren.

BEER

Diese scharfe und leicht säuerliche Brühe ist die einfachste und aromatischste der thailändischen Küche, da sie ganz einfach blitzschnell mit frischen Kräutern vom Markt oder, wenn möglich, aus dem Garten gekocht wird. Sie können Sie mit Krabben oder mit Huhn, mit Rind oder – ganz einfach – mit Champignons zubereiten.

TOM YAM KUNG

SCHARFE BRÜHE MIT KRABBEN

FÜR 4 PERSONEN
ZUBEREITUNGSZEIT: 10 MINUTEN
GARZEIT: 15 MINUTEN

1 l Hühnerbrühe
3 cm Galangawurzel, gehackt (mit Schale)
1 frische Korianderwurzel
4 Kaffirlimettenblätter
2 Stängel Zitronengras, zerstoßen
50 g Pilze (Champignons oder Strohpilze), gehackt
200 g rohe Krabben ohne Schwanz
2 EL Fischsauce
2 EL grüner Zitronensaft
2 frische Zwiebeln, gehackt
2 frische Vogelaugenchilis, zerstoßen
2 EL frische Korianderblätter

- Die Hühnerbrühe in einer Kasserolle bei mittlerer Hitze erwärmen. Galanga- und Korianderwurzel, Kaffirlimettenblätter und Zitronengras zufügen. Aufkochen und circa 10 Minuten kochen.
- Die Hitze reduzieren, die Pilze zufügen und 2 Minuten kochen. Die Krabben unterrühren und weitere 2 Minuten kochen.
- Den Topf vom Herd nehmen. Fischsauce, Zitronensaft, Chilis, Zwiebeln und Korianderblätter zufügen und alles gut verrühren. In Servierschälchen füllen und sofort servieren.

TOM YAM KAI

SCHARFE BRÜHE MIT HUHN

Ersetzen Sie die Krabben durch gewürfeltes Hühnerfleisch und lassen Sie es 3 bis 4 Minuten in der Brühe kochen.

Beerlao
IMPORTED
Beerlao

Diese kleinen Kuchen entstehen in einzelnen Förmchen oder werden von Bananenblättern zusammengehalten. Schneiden Sie dazu aus Bananenblättern acht runde Scheiben von etwa 15 cm Durchmesser aus. Alternativ verwenden Sie Ausstechförmchen oder entsprechend große Gläser. Legen Sie je zwei Kreise aufeinander, falten Sie sie an den Rändern hoch und fixieren Sie sie mit Zahnstochern. Rechnen Sie ruhig einige Bananenblätter mehr ein, falls Ihnen die Kreise nicht gelingen. Der Tipp eines thailändischen Kochs: Erwärmen Sie die Blätter in der Sonne oder geben Sie sie einige Sekunden in die Mikrowelle, da sie erwärmt weicher und leichter zu falten sind.

ho mok plaa

FISCHSOUFFLÉ MIT KOKOSMILCH IM DAMPF GEGART

FÜR 4 PERSONEN
ZUBEREITUNGSZEIT: 35 MINUTEN
MARINIERZEIT: 15 MINUTEN
GARZEIT: 30 MINUTEN

300 g Fischfilet (Kabeljau, Heilbutt, Schellfisch)
1 TL rote Currypaste für Fisch (siehe Rezept Seite 30)
1 Ei, geschlagen
100 ml Kokoscreme
1 EL Fischsauce
1 TL Zucker
2 Kaffirlimettenblätter, fein gezupft
2 oder 3 Bananenblätter (oder 4 kleine Bambusförmchen)
50 g Thai-Basilikumblätter
1 frische rote Chili, in feine Ringe geschnitten

- Die Fischfilets in mundgerechte Würfel schneiden.
- Rote Currypaste, geschlagenes Ei und Kokoscreme in einer Salatschüssel vermischen. Fischsauce, Zucker und Kaffirlimettenblätter unterrühren. Den gewürfelten Fisch zugeben und sorgfältig in der Marinade wenden. 15 Minuten marinieren.
- Vier Förmchen aus Bananenblättern formen.
- Jedes Förmchen mit einigen Basilikumblättern belegen und mit der Fischmasse füllen. Die Förmchen 30 Minuten im Dampf garen.
- Jeden Küchlein mit einigen Chiliringen und Basilikumblättern garnieren.

ho mok poo

KRABBENKUCHEN MIT KOKOSMILCH

Ersetzen Sie die Hälfte der Fischmenge durch rohes Krabbenfleisch. Sie können auch Hummerschalen als Förmchen verwenden. Verlängern Sie dann allerdings die Garzeit um 10 Minuten.

Dieses Curry vereint alle Aromen der thailändischen Küche: salzig, süß, scharf, cremig und sauer. Im Süden Thailands ist es einfach, großartige Ananas zu finden, so süß und schmackhaft, wie man sie sich nur wünschen kann. Bei uns ist es etwas schwieriger, doch wenn Sie die Wahl haben, sollten Sie sich für eine Victoria-Ananas entscheiden.

Kaeng Supparod

Krabbencurry mit Ananas

EINWEICHZEIT: 15 MINUTEN
ZUBEREITUNGSZEIT: 30 MINUTEN
GARZEIT: 15 MINUTEN

Für die Currypaste
5 getrocknete Chiis
1 EL Schalotten, gehackt
1 EL Knoblauch, gehackt
2 Stängel Zitronengras, gehackt
½ EL Galanga, geschält und gehackt
½ TL geriebene Kombavaschale
½ TL schwarze Pfefferkörner
½ TL Krabbenpaste
½ TL Salz

Für das Krabbencurry
2 EL Sonnenblumenöl
600 ml Kokosmilch
3 EL Fischsauce
2 EL Palmzucker
1 frische rote Paprika, in feine Streifen geschnitten
400 g rohe Krabben ohne Schwanz
½ Ananas (Victoria), geschält und gewürfelt
Einige Blätter Thai-Basilikum zum Garnieren

- Zubereitung der Currypaste: Die getrockneten Chilis in einer Schüssel mit warmem Wasser etwa 15 Minuten einweichen. In einem Mörser oder mithilfe eines Mixers alle Zutaten fein zerkleinern, bis eine homogene Masse entstanden ist. (Falls nötig, etwas Öl zufügen. Sie benötigen 2 Esslöffel Currypaste).
- Zubereitung des Krabbencurrys: Sonnenblumenöl und Currypaste in einem Wok erhitzen. Einige Minuten bei schwacher Hitze köcheln, bis die Paste zu duften beginnt.
- Die Kokosmilch zugießen und aufkochen. Fischsauce, Palmzucker und Paprikastreifen unterrühren. Die Krabben zufügen und etwa 1 bis 2 Minuten kochen.
- Den Wok vom Herd nehmen und die Ananaswürfel unterrühren.
- Das Curry auf 4 Teller verteilen und mit Basilikumblättern garnieren. Mit weißem Reis servieren (siehe Rezept Seite 40).

In diesem Gericht steht plaa *für Fisch. In der Regel wird es mit Dorade zubereitet, schmeckt aber auch mit Barsch* (kraphong) *sehr gut.*

plaa neung manao

FISCH MIT KNOBLAUCH UND GRÜNER ZITRONE

FÜR 4 PERSONEN
ZUBEREITUNGSZEIT: 10 MINUTEN
GARZEIT: 10 MINUTEN

100 ml Hühnerbrühe
3 EL grüner Zitronensaft
2 EL Sojasauce
3 frische rote Vogelaugenchilis, in kleine Ringe geschnitten
1 Königsdorade (etwa 500 g), ausgenommen und geschuppt, von Ihrem Fischhändler
5 Knoblauchzehen, gehackt
2 Frühlingszwiebeln, in Streifen geschnitten
Einige dünne Scheiben grüne Zitrone zum Garnieren

- In einer Schüssel Hühnerbrühe, Zitronensaft und Sojasauce verrühren. Die Chiliringe zugeben.
- Die Haut der Dorade auf beiden Seiten großzügig einschneiden und den Fisch auf einen länglichen Teller legen. Mit der Chilisauce beträufeln, wenden und wiederum mit der Sauce beträufeln. Mit Knoblauch und Frühlingszwiebeln bestreuen.
- Den Fisch in einen Dämpfer geben und 10 Minuten im Dampf garen.
- Den Fisch auf eine Servierplatte legen und mit den grünen Zitronenscheiben garnieren. Sofort servieren.

PLAA KRAPHONG NEUNG MANAO

GEDÄMPFTER BARSCH

Ersetzen Sie die Dorade durch einen Barsch. Ein Barsch ist in der Regel größer als eine Dorade. Ihr Fischhändler kann Ihnen die benötigte Garzeit nennen.

Das phad thai ist das wohl typischste Gericht der thailändischen Straßenverkäufer. Es wird vor Ihren Augen in wenigen Minuten zubereitet und warm gegessen, während man auf den kleinen Hockern der Straßenverkäufer sitzt. Es gibt verschiedene Variationen mit Fleisch, Ei oder verschiedenen Nudelsorten. Um nicht zu große Mengen im Wok zu braten (was eben nicht so gut schmeckt), sollten Sie das phad thai eine Portion nach der anderen zubereiten.

phad thai sai khai

GEBRATENE NUDELN MIT EI

FÜR 4 PERSONEN
EINWEICHZEIT: 20 MINUTEN
ZUBEREITUNGSZEIT: 10 MINUTEN
GARZEIT: 5 MINUTEN PRO PORTION

400 g Reisnudeln für pad thai (siehe Seite 18)
150 ml Öl
4 EL Schalotten, gehackt
2 EL Knoblauch, gehackt
4 EL süße Sojasauce
60 g getrocknete Krabben
200 g Schweinehackfleisch
4 EL Tamarindenpaste
4 EL Fischsauce
4 EL Zucker
200 g Sojasprossen
60 g Porree, fein gehackt
4 Eier
4 EL Erdnüsse, geschält und gehackt

- Die Reisnudeln in einer großen Schüssel mit kaltem Wasser etwa 20 Minuten einweichen.
- Die Nudeln abgießen und in vier gleich große Portionen teilen, um portionsweise 4 pad thai zu braten.
- Für 1 pad thai: In einem Wok 2 Esslöffel Öl erhitzen, 1 Esslöffel Schalotten und ½ Esslöffel Knoblauch zugeben und kurz anbraten. 100 g Nudeln und 100 ml Wasser zugeben (die Nudeln sollen gerade eben nur von Wasser bedeckt sein, damit sie feucht bleiben) und 1 bis 2 Minuten unter ständigem Rühren kochen. 1 Esslöffel Sojasauce unterrühren. Die Nudeln an einen Rand des Woks schieben.
- Falls nötig, noch etwas Öl auf den Wokboden geben, dann 15 g getrocknete Krabben und 50 g Schweinehack zugeben. Kräftig anbraten und dann mit den Nudeln vermengen. 1 Esslöffel Tamarindenpaste, 1 Esslöffel Fischsauce und 1 Esslöffel Zucker unterrühren. 50 g Sojasprossen und 15 g Porree ebenfalls unterrühren. Die Nudelmischung wieder an einen Rand des Woks schieben.
- Erneut, falls nötig, 1 Esslöffel Öl auf den Wokboden geben und ein geschlagenes Ei zugießen. Verteilen Sie das Ei so gut es geht, um ein dünnes Omelette zu braten. Sobald es gar ist, den Wok vom Herd nehmen. Das Omelette mit einem Küchenschaber vorsichtig vom Wokrand lösen und alle anderen Zutaten auf dem Omelette verteilen. Das Omelette zuklappen und auf einen Teller gleiten lassen. Mit gehackten Erdnüssen garnieren und sofort servieren.

HINWEIS

Es ist oft schwierig, das Omelette so dünn zu braten, wie es nötig ist. Daher können Sie es auch als Rührei braten, indem Sie das geschlagene Ei im Wok kräftig rühren.

80

Der Süden Thailands

Bei Touristen bekannt für seine langen Strände und paradiesischen Inseln, wie Phuket oder Koh Samui, hält der Süden Thailands auch abseits der bekannten Pfade noch zahlreiche schöne Überraschungen und Abenteuer bereit. In der Bucht von Ao Phang Nga erheben sich zwischen den Kalksteinfelsen Fischerdörfer, deren Einwohner wie vor Jahrhunderten davon leben, Krabben und Krustentiere zu fangen.

In der Küche des Südens stehen dementsprechend Krabben, Tintenfisch und Oktopus sowie saftige Früchte, die das ganze Jahr über geerntet werden, im Vordergrund. Neben gegrilltem Fisch zeigt die Küche des Südens aber mit ihren süßen und nussigen Currys auch den Einfluss Malaysias.

Dieser Reissalat wird mit Vorliebe morgens zum Frühstück genossen: Er erfrischt und wärmt gleichzeitig. Das Rezept variiert je nach Erntesaison. Man kann auch gedämpfte Krabben oder gedämpften Tintenfisch zufügen.

KHAO YAM

REISSALAT MIT FRÜCHTEN UND GEMÜSE

FÜR 4 PERSONEN
ZUBEREITUNGSZEIT: 15 MINUTEN
GARZEIT: 10 MINUTEN

200 g thailändischer Langkornreis
½ Gurke
100 g frische Ananas
½ rote Paprika
2 Bananen
2 Kaffirlimettenblätter
50 g Cashewnüsse
1 getrocknete Vogelaugenchili
100 g Kirschtomaten
2 Stängel China-Sellerie
50 g frische Bohnen, bissfest gedämpft
1 EL getrocknete Krabben

Für die Sauce
1 EL frischer Koriander, gezupft
1 Knoblauchzehe, fein gehackt
2 EL Sojasauce
2 EL grüner Zitronensaft
2 EL Ananassaft
2 EL Zucker
1 EL Sesamöl

- Den Reis nach Packungsanweisung kochen, dann unter kaltem Wasser abschrecken.
- Für die Sauce alle Zutaten in einer Schüssel verrühren.
- Gurke, Ananas und Paprika schälen und fein würfeln. Die Bananen schälen und in Scheiben schneiden.
- Kaffirlimettenblätter und Cashewnüsse grob hacken. Die Chili entkernen und sehr fein hacken. Die Kirschtomaten vierteln. Den Sellerie raspeln. Die Bohnen in kleine Stücke schneiden.
- Den Reis mit Früchten und Gemüse in einer Schüssel vermengen und die Sauce unterrühren.
- Den Reissalat auf 4 Schälchen verteilen, mit den getrockneten Krabben bestreuen und sofort servieren.

Diese Kroketten können mit Fisch, Krabben, Krebsen oder einer Mischung von allem gefüllt werden. Man findet sie auch mit Huhn, Rind oder Schwein. Eine große Vielfalt!

thot man plaa

FISCHKROKETTEN

FÜR 4 PERSONEN
ZUBEREITUNGSZEIT: 15 MINUTEN
GARZEIT: 10 MINUTEN

600 g weißes Fischfilet (z. B. Kabeljau)
100 g Bohnnen, fein gewürfelt, oder frische Erbsen
1 EL rote Currypaste für Fisch (siehe Rezept Seite 30)
1 TL Fischsauce
1 Ei, geschlagen
2 EL Speisestärke
4 Kaffirlimettenblätter, gehackt
1 EL Zucker
Öl zum Frittieren

- Alle Zutaten in einen Mixer geben und grob pürieren.
- Mit den Händen aus der Masse etwa 5 cm große Kroketten formen.
- Das Frittieröl auf 180 °C erhitzen. Die Kroketten hineingeben und 3 bis 4 Minuten von jeder Seite braten. Auf Küchenpapier abtropfen lassen.
- Die Kroketten als Vorspeise servieren und etwas Rohkost sowie die Sauce **nam jiem tort man** (siehe Rezept Seite 38) dazu reichen.

Die Satay-Sauce stammt ursprünglich aus Indonesien. Dank der holländischen Seefahrer, die im 18. Jahrhundert ganz Südostasien, vor allem das Königreich Siam (das heutige Thailand) bereisten, kam sie auch nach Thailand und in alle benachbarten Länder.

Moo Satay

Gegrillte Schweinefleischspiesse mit Satay-Sauce

FÜR 4 PERSONEN
ZUBEREITUNGSZEIT: 30 MINUTEN
MARINIERZEIT: 30 MINUTEN
GARZEIT: 10 MINUTEN

500 g Schweinefilet
500 ml Kokosmilch

Für die Marinade
1 cm Galanga, gehackt
1 EL Zitronengras, gehackt
1 frische Kurkumawurzel, gehackt
1 TL Koriandersamen, geröstet
½ TL Kreuzkümmelsamen, geröstet
1 TL Zucker
1 Prise schwarzer Pfeffer
1 Prise Salz

Für die Satay-Sauce
100 g Erdnüsse, geschält und geröstet
1 EL rote Currypaste für Fleisch (siehe Rezept Seite 32)
400 ml Kokosmilch
50 g Zucker
1 TL Salz
50 g Tamarindenpaste

- Das Fleisch in sehr dünne Scheiben schneiden
- Zubereitung der Marinade: Galanga, Zitronengras und Kurkuma in einem Mörser zerstoßen. Die restlichen Zutaten zufügen und alles fein zerkleinern.
- Die Marinade in einem tiefen Teller mit der Kokosmilch verrühren. Die Fleischscheiben zugeben, gut darin wenden und 30 Minuten marinieren.
- Zubereitung der Satay-Sauce: Erdnüsse und Currypaste in einem Mörser zu einer gleichmäßigen Masse zerstoßen.
- In einem Wok die Hälfte der Kokosmilch erwärmen, bis die Oberfläche leicht ölig wird. Die Erdnuss-Curry-Paste unterrühren und die Hitze reduzieren. Die restliche Kokosmilch zugießen und gut verrühren. Mit Zucker, Salz und Tamarindenpaste abschmecken. Vom Herd nehmen und vollständig abkühlen lassen.
- Das Fleisch aus der Marinade heben und die Scheiben auf Holzspieße stecken.
- Die Spieße 10 Minuten auf dem Holzkohlegrill oder unter dem Backofengrill bei 210 °C braten, dabei regelmäßig mit der Marinade übergießen. Mit der Satay-Sauce servieren.

Hinweis

Servieren Sie zusätzlich Gemüsespieße mit einer Würzsauce aus scharfen Gurken, nam jiem tort man (siehe Rezept Seite 38).

Dies ist das perfekte Rezept für Fischfilets. Bevorzugen Sie weißen Fisch, der nicht zu intensiv schmeckt. Sollten Sie keine Thai-Auberginen finden, ersetzen Sie sie durch knackiges grünes Gemüse, das Sie in kleine Würfel schneiden (z. B. Zucchini, Bohnen oder Erbsen).

Kaeng plaa lai

Fischcurry mit Kokosmilch und Thai-Auberginen

FÜR 4 PERSONEN
ZUBEREITUNGSZEIT: 15 MINUTEN
GARZEIT: 20 MINUTEN

1 EL Sonnenblumenöl
½ EL grüne Currypaste (siehe Rezept Seite 26)
500 ml Kokosmilch
1 EL Fischsauce
1 EL Palmzucker
100 g Thai-Auberginen
2 Kaffirlimettenblätter
4 weiße Fischfilets (z. B. Schellfisch oder Dorade)
½ rote Paprika, in feine Streifen geschnitten
Einige Blätter Thai-Basilikum

- Öl und Currypaste in einem Wok bei mittlerer Hitze erwärmen, bis die Paste zu duften beginnt. Die Hitze reduzieren, die Kokosmilch zugießen und 2 bis 3 Minuten köcheln. Fischsauce und Palmzucker, dann die Auberginen und die Kaffirlimettenblätter zugeben. Weitere 10 Minuten kochen, bis die Auberginen gar und weich sind.
- In der Zwischenzeit die Fischfilets je nach Dicke 5 bis 7 Minuten dampfgaren.
- Je ein Fischfilet auf einen Teller legen und mit dem Auberginencurry übergießen. Mit Paprikastreifen und Basilikumblättern garnieren. Dazu Thai-Reis (siehe Rezept Seite 40) servieren.

Auf Thailändisch bedeutet MET-MAMUANG *Cashewnuss, während* MAMUANG *Mango bedeutet. Vielleicht ist die ähnliche Form der beiden Früchte die Verbindung. Ich jedenfalls habe nie eine Erklärung gefunden, bin aber gespannt, ob Sie eine finden!*

Kai phat met-mamuang

Hühnchen mit Cashewnüssen

FÜR 4 PERSONEN
ZUBEREITUNGSZEIT: 15 MINUTEN
GARZEIT: 10 MINUTEN

400 g Hühnerbrustfilet
2 EL Öl
2 Vogelaugenchilis
2 Knoblauchzehen, gehackt
1 rote Zwiebel, geviertelt
1 EL Sojasauce
1 EL Austernsauce
1 EL Palmzucker
100 ml Hühnerbrühe
2 Frühliingszwiebeln, in Stücke
100 g nicht gesalzene Cashewnüsse, geröstet
Einige frische Korianderblätter, geschnitten

- Das Hühnerfleisch in mundgerechte Stücke schneiden.
- 1 Esslöffel Öl im Wok erhitzen. Die Chilis zufügen und kurz rösten. Die Chilis der Länge nach aufschneiden, die Kerne entfernen und das Fruchtfleisch in kleine Ringe schneiden.
- Das restliche Öl in den Wok geben und den Knoblauch bei mittlerer Hitze bräunen. Hühnerfleisch und rote Zwiebel zugeben. Mit den Saucen und dem Palmzucker würzen und alles gut vermischen. Die Hühnerbrühe zugießen. Die Hitze reduzieren und 5 Minuten kochen.
- Frühlingszwiebeln, Chiliringe und Cashewnüsse unterrühren und den Herd ausschalten.
- Mit Korianderblättern bestreuen und sofort servieren.

Zu Zeiten des Königreiches von Ayuthaya berief König Narai, ein großer Liebhaber der indischen Küche, einen indischen Koch zum Chefkoch des Hofes. Dies war die Zeit, als das indische Massamancurry zum beliebtesten Curry der thailändischen Küche wurde. Die entsprechende Currypaste ist eine Mischung aus thailändischen und indischen Kräutern und Gewürzen.

Kaeng Massaman Kai

Massamancurry mit Huhn

FÜR 4 PERSONEN
ZUBEREITUNGSZEIT: 15 MINUTEN
GARZEIT: 40 MINUTEN

600 g Hühnerbrustfilet (oder 4 Keulen)
800 ml Kokosmilch
3 Kardamomsamen
3 Lorbeeblätter
1 Zimtstange
6 Lauchzwiebeln
1 EL Massamancurrypaste
3 EL Palmzucker
2 EL Fischsauce
2 EL Tamarindenpaste
2 Kaffirlimettenblätter, sehr fein gezupft
100 g ganze Erdnüsse
1 rote Chili, in dünne Ringe geschnitten

- Das Hühnerfleisch in mundgerechte Stücke schneiden.
- Die Hälfte der Kokosmilch mit Fleisch, Kardamomsamen, Lorbeerblättern und Zimtstange in einem Schmortopf zum Kochen bringen. Die Hitze reduzieren und 25 Minuten leise köcheln.
- Die Lauchzwiebeln 3 Minuten in kochendem Salzwasser blanchieren und abgießen.
- In einer Kasserolle die Currypaste mit 3 Eslöffeln Kokosmilch erwärmen. Sobald die Paste zu duften beginnt, die restliche Kokosmilch zugießen. Den Inhalt des Schmortopfes zugeben und alles noch einmal aufkochen. Zwiebeln, Palmzucker, Fischsauce und Tamarindenpaste unterrühren.
- Vom Herd nehmen und die Kaffirlimettenblätter sowie die Erdnüsse unterrühren.
- Das Curry mit einigen Chiliringen garnieren und mit Thai-Reis servieren (siehe Rezept Seite 40).

Das Panangcurry stammt ursprünglich aus Malaysia – genau genommen aus der Region um Penang, einer Grenzstadt zu Thailand. Das Curry wird aus Rücksicht auf die muslimische Mehrheit in Malaysia mit Rindfleisch gekocht. In Thailand wurde das Rezept leicht abgewandelt. Hier wird ein Panangcurry nicht selten mit Schweinefleisch oder Krabben zubereitet.

PANANG NUEA

PANANGCURRY MIT RINDFLEISCH

FÜR 4 PERSONEN
ZUBEREITUNGSZEIT: 10 MINUTEN
GARZEIT: 15 MINUTEN

400 g Rinderfilet
400 ml Kokosmilch
3 EL Panangcurrypaste (siehe Rezept Seite 36)
2 EL Fischsauce
3 EL Palmzucker
1 Prise Salz
50 g geschälte Erdnüsse, geröstet und grob gehackt
6 Kaffirlimettenblätter, gezupft
1 frische rote Chili, in feine Streifen geschnitten

- Das Rindfleisch in mundgerechte Stücke schneiden.
- Die Hälfte der Kokosmilch bei mittlerer Hitze erwärmen, bis die Oberfläche leicht ölig wird. Die Panangcurrypaste unterrühren und 2 Minuten kochen.
- Die Fleischwürfel zugeben und von allen Seiten etwa 10 Minuten braten.
- Die restliche Kokosmilch zugießen und Fischsauce, Palmzucker und Salz sorgfältig unterrühren. Erdnüsse und Kaffirlimettenblätter zugeben, alles gut vermischen und den Wok vom Herd nehmen.
- Das Curry mit Chiliringen bestreuen und mit weißem Reis (siehe Rezept Seite 40) servieren.

PANANG KUNG

PANANGCURRY MIT KRABBEN

Den Anweisungen des Rezeptes folgen, aber das Rindfleisch durch Krabben ersetzen, diese aber nur 2 bis 3 Minuten braten.

Getränke und Desserts

Die Thailänder lieben Desserts und eigentlich alles Süße. Reich beschenkt von der Natur, die ihnen das ganze Jahr über reifes und geschmackvolles Obst schenkt, sind sie in der Zubereitung ihrer Früchte ausgesprochen kreativ und ideenreich: in Säften, Eis, Milch-Shakes, Gebäck, Cremes oder angereichert mit Reis oder Tapioka … Und bei fast all diesen wunderbaren Desserts findet sich natürlich auch die geliebte Kokosmilch.

Pandanussaft ist ein sehr erfrischendes Getränk. Man trinkt ihn in der Regel eiskalt oder mit Eis. Sein leuchtendes Grün zieht das Auge auf sich. Geschmack und Duft sind typisch für die thailändische Küche: Pandanusblätter geben zahlreichen Gerichten und Desserts Farbe und Geschmack. Die Blätter halten sich bis zu einer Woche im Kühlschrank, wenn man sie leicht einschneidet.

NAM BAI TOEI

PANDANUSSAFT

FÜR 4 PERSONEN
ZUBEREITUNGSZEIT: 5 MINUTEN
GARZEIT: 5 MINUTEN

1 l Wasser
1 Tasse Pandanusblätter, in dünne Streifen geschnitten
1 Tasse Zucker
Eiswürfel

- Das Wasser in einer Kasserolle erhitzen. Die Pandanusblätter einrühren und 5 Minuten abgedeckt kochen.
- Die Blätter herausheben. Den Zucker zufügen und rühren, bis er gelöst ist. Vollständig abkühlen lassen.
- Den Pandanussaft mit Eiswürfeln servieren.

HINWEIS

Um Pandanusblätter zu konservieren, können Sie sie im Backofen bei 100 °C trocknen, in Streifen schneiden und auf einer Arbeitsfläche glätten. Sie können sie auch im Ganzen einfrieren (sie brauchen viel Platz) oder in Streifen geschnitten in einem Gefrierbeutel.

khao niao *bedeutet Klebreis und* **mamuang** *Mango; doch an den Verkaufsständen findet man auch häufig* **khao niao kluai,** *das wäre Klebreis mit Banane, oder* **khao niao supparod,** *also Klebreis mit Ananas.*

khao niao mamuang

KLEBREIS MIT MANGO

FÜR 4 PERSONEN
ZUBEREITUNGSZEIT: 20 MINUTEN
GARZEIT: 20 MINUTEN

200 g Klebreis
1 Mango
500 ml Kokosmilch
200 g Zucker
1 Prise Salz
1 Prise getrocknete rote Chilis (optional)

- Den Klebreis mit kaltem Wasser übergießen und abtropfen.
- Die Mango schälen und das Fruchtfleisch in kleine Würfel schneiden.
- Die Kokosmilch in eine Kasserolle gießen. Zucker, Salz und Klebreis zufügen. Alles gut verrühren und vorsichtig erhitzen. Leise köcheln, bis der Reis weich ist (circa 20 Minuten).
- Die Kasserolle vom Herd nehmen. Die Mangostücke unterrühren und nach Belieben Chili zufügen. Alles gut verrühren und lauwarm oder kalt servieren.

VARIANTE

Am besten schmecken Varianten mit Banane oder Ananas. Sie können aber auch getrocknete Früchte zugeben: Banane, Ananas, Pistazien, Aprikosen …

Dieses Dessert ist sehr einfach und wird häufig mit Früchten (Mangos, Bananen, Ananas) serviert. Für raffiniertere Mahlzeiten wird es auch oft mit Blüten garniert. Meistens handelt es sich dabei um Orchideenblüten, den thailändischen Blüten schlechthin.

Bua loi chi

Tapiokaperlen mit Kokosmilch

FÜR 4 PERSONEN
ZUBEREITUNGSZEIT: 5 MINUTEN
GARZEIT: 15 MINUTEN

400 ml Kokosmilch
100 g Rohrzucker
1 Prise Salz
150 g Tapiokaperlen

- Die Kokosmilch in eine Kasserolle gießen. Zucker und Salz zufügen. Rühren, bis der Zucker vollständig aufgelöst ist.
- Die Tapiokaperlen einrühren und 10 bis 15 Minuten bei schwacher Hitze leise köcheln, bis die Perlen weich sind. Vollständig abkühlen lassen.
- Servieren Sie dieses Dessert ohne weitere Zutaten oder mit frischen oder pürierten Früchten.

Fruchtpürees

Mango: 1 sehr reife Mango, 1 EL Puderzucker. Die Mango schälen und entkernen, das Fruchtfleisch mit Puderzucker mixen.

Banane: 2 reife Bananen, 1 EL Puderzucker, Saft einer grünen Zitrone. Die Bananen schälen und mit Zucker und Zitronensaft mixen.

Erdbeere: 300 g Erdbeeren, 2 EL Puderzucker. Erdbeeren und Puderzucker mixen. Die Masse durch ein Sieb streichen, um die Samen zu entfernen.

SUN
คนที่เกิดวันจันทร์
MON

Thailänder lieben es, ihren Mahlzeiten einen Hauch von Süße zu verleihen und sind natürlich auch große Dessert-Liebhaber. Dieses Gericht ist das bekannteste, und man findet es überall: in Restaurants, in Kantinen und auf der Straße an den Ständen der Dessertverkäufer.

Kluai buat chi

Gekochte Bananen in Kokosmilch

FÜR 4 PERSONEN
ZUBEREITUNGSZEIT: 5 MINUTEN
GARZEIT: 10 MINUTEN

3 Bananen
400 ml Kokosmilch
2 EL Palmzucker
1 Prise Salz

- Die Bananen schälen und diagonal in Stücke schneiden.
- Die Kokosmilch in einer Kasserolle erhitzen. Palmzucker und Salz zufügen und aufkochen.
- Die Bananen zugeben und 5 Minuten kochen, bis sie sehr weich sind. Vor dem Servieren abkühlen lassen.

Diesen gefüllten Kürbis bieten viele Straßenhändler feil. Man genießt ihn mit einer Kugel Vanille- oder Kokoseis. Als Frucht wird eine kleine, dunkelgrüne Kürbisart verwendet.

Sang kai yaa fak thong

KÜRBIS MIT KOKOSCREME

FÜR 4 BIS 6 PERSONEN
ZUBEREITUNGSZEIT: 30 MINUTEN
GARZEIT: 1 STUNDE

1 kleiner Kürbis
4 Pandanusblätter
4 Eier
400 ml Kokoscreme
2 EL Palmzucker

- Einen Deckel vom Kürbis abschneiden. Die Samen entfernen und etwas Fruchtfleisch herausschneiden, um die Creme später damit zu garnieren.
- Für den grünen Saft die Pandanusblätter in einem Mörser gründlich zerstoßen.
- Die Eier in einer Schlüssel schlagen. Kokoscreme, Pandanusblätter und Palmzucker zufügen. Alles gut vermischen.
- Den Kürbis zu drei Vierteln mit der Creme füllen. Den Deckel wieder aufsetzen und etwa 1 Stunde dampfgaren.

KLEINE CREMETÖPFCHEN MIT KOKOS UND PANDANUS

Sie können auch nur die Creme zubereiten und in kleine Ramequin-Förmchen füllen. Im auf 180 °C vorgeheizten Backofen im Wasserbad 20 bis 25 Minuten garen.

Lao Chang

Pandanusnudeln mit Kokosmilch

FÜR 4 PERSONEN
EINWEICHZEIT: 3 STUNDEN
ZUBEREITUNGSZEIT: 20 MINUTEN
GARZEIT: 20 MINUTEN

100 g getrocknete Sojasamen
200 g Tapiokamehl
2 EL Pandanussaft (siehe Rezept Seite 126)
50 ml kochendes Wasser

Für den Kokossirup
100 ml Wasser
200 g Zucker
1 TL Jasminwasser
200 ml Kokosmilch

- Die Sojasamen waschen und 3 Stunden in einer Schüssel mit warmem Wasser einweichen.
- Zubereitung des Kokossirups: In einer Kasserolle Wasser, Zucker und Jasminwasser verrühren und aufkochen. Sobald der Zucker gelöst ist, die Kasserolle vom Herd nehmen und den Sirup vollständig abkühlen lassen. Die Kokosmilch unterrühren und beiseitestellen.
- Die Sojasamen abgießen und zu einem glatten Püree zerkleinern. Tapiokamehl, Pandanussaft und kochendes Wasser zufügen. Die Masse kräftig kneten, bis sie die Konsistenz eines Kuchenteigs hat.
- Den Teig glatt ausrollen und in 5 x 0,5 cm große Nudeln schneiden.
- Die Nudeln in einen großen Topf mit kochendem Wasser geben. Sobald sie an die Wasseroberfläche kommen (wie bei frischer Pasta) mit einem Schaumlöffel herausheben und sofort in eine große Schüssel mit kaltem Wasser legen.
- Die abgekühlten Nudeln in den Kokossirup geben und kalt genießen.

Hinweis

Wenn Sie keine Pandanusblätter zum Einfärben des Desserts finden, nehmen Sie 1 Teelöffel grüne Lebensmittelfarbe und geben ½ Teelöffel Vanillezucker in den Teig.

Zwar stammen diese Kokoskugeln ursprünglich aus China, doch findet man sie auch unter den thailändischen Desserts. Für dieses Rezept brauchen Sie Geduld, denn es ist langwierig und erfordert einiges Geschick. Doch es lohnt sich!

Maprao luk

Reiskugeln mit Kokosnuss

FÜR ETWA 24 KOKOSKUGELN
EINWEICHZEIT: 2 STUNDEN
ZUBEREITUNGSZEIT: 30 MINUTEN
GARZEIT: 1½ STUNDEN

100 g getrocknete Mungobohnen
190 g Zucker
200 g Kokosnuss, gerieben
1 Prise Salz
250 ml Kokosmilch
200 g Reismehl
60 g Weizenmehl
½ Päckchen Backpulver

- Die Mungobohnen waschen und mindestens 2 Stunden in einer Schüssel mit warmem Wasser einweichen. Abgießen und ungefähr 45 Minuten dampfgaren.
- Die lauwarmen Bohnen fein mixen und mit 65 g Zucker, der Hälfte der geriebenen Kokosnuss und Salz vermischen und zu einem glatten Teig mixen. Aus dem Teig kleine Kugeln mit etwa 2 cm Durchmesser formen und kalt stellen.
- Den restlichen Zucker in einer Schüssel mit der Kokosmilch verrühren.
- In einer großen Schüssel Reismehl, Weizenmehl und Backpulver vermischen. Die gesüßte Kokosmilch zugießen und zu einem Teig verrühren. Diesen Teig auf Alufolie ausbreiten, etwas flach drücken und etwa 30 Minuten dampfgaren: Der Teig sollte etwas klebrig, aber gut knetbar sein. Abkühlen lassen.
- Aus diesem Teig Kugeln formen, die etwas größer sind als die Kokosnuss-Kugeln und dann flachdrücken.
- Jede Kokosnuss-Kugel mit den Kreisen aus weißem Teig umhüllen, gut zudrücken und in der restlichen geriebenen Kokosnuss wälzen. Die Kugeln auf Alufolie legen und erneut für 10 Minuten dampfgaren. Sofort genießen!

Kokoskugeln mit Pistazie

Sie können die Kugeln auch in einer Mischung aus 70 g geriebener Kokosnuss und 30 g gehackten Pistazien wenden.

พระราชพิธีมหามงคล
๘๐ พรรษา ๕ ธันวาคม ๒๕๔๙
๘๐
เฉลิมพระชนมพรรษา

lexikon der thailändischen küche

bami: Weizennudeln mit Ei
chai-yoh!: Prost!
farang: Guave (Spitzname für Ausländer weißer Hautfarbe)
fak-thaoung: Kürbis
gah-faa: Kaffee
gluai: Banane
kaeng ou gaeng: Curry
kah: Galanga
kapi: Krebspaste
ka-nun: indische Brotfrucht
khao: Reis
king: Ingwer
kung: Krabben
khai: Ei
kai (gai): Huhn
lap: kalter Salat mit Hackfleisch
mafarang: Kartoffeln
ma-kroot: Kaffirlimette
makhua: Aubergine
mamuang: Mango
manao: grüne Zitrone
maprao: Kokosnuss
met-mamuang: Cashewnuss
moo: Schwein
nam: Wasser
nam pla: Fischsauce
nuea: Rind
pet: Ente
phla: Zitronenmarinade
phad ou ped: Zubereitung im Wok
pla: Fisch
poo: Krebs
prik: Chili
som oh: Grapefruit
soup: Suppe
supparod: Ananas
takrai: Zitronengras
thu-rian: Durian
yam ou yum: scharfer Salat

Register deutsch

A

Auberginensalat 66

B

Bananen in Kokosmilch, gekochte 125
Barsch, gedämpfter 97
Brühe mit Huhn, scharfe 90
Brühe mit Krabben, scharfe 90

C

Cremetöpfchen mit Kokos und Pandanus, kleine 126
Curry mit Strohpilzen 68
Currypaste für Fisch und Meeresfrüchte, rote 30
Currypaste für Fleisch und Tofu, rote 32
Currypaste, gelbe 29
Currypaste, grüne 26

F

Fisch mit Knoblauch und grüner Zitrone 97
Fischsoufflé mit Kokosmilch im Dampf gegart 93
Fischcurry mit Bambussprossen 74
Fischcurry mit Kokosmilch und Thai-Auberginen 108
Fischkroketten 104

G

Gemüse mit einer Sauce aus Schweinefleisch und Tomaten, frisches 53
Gemüse, gebackenes 71
Gemüsebrühe mit Chilis und Schweinefleisch 65
Glasnudelsalat mit Gemüse 81
Grillspieße vom Schwein 46

H

Huhn in Pandanusblättern 84
Hühnchen mit Cashewnüssen 110
Hühnchen mit grünem Curry 54
Hühnercurry mit Bambussprossen 74
Hühnersuppe mit Kokosmilch und Galanga 88

K

Klebreis 40
Klebreis mit Mango 120
Kokoskugeln mit Pistazie 131
Krabbencurry mit Ananas 94
Krabbenkuchen mit Kokosmilch 93
Kürbis mit Kokoscreme 126
Kürbiscurry 76

M

Mango mit Chili, grüne 63
Massamancurry mit Huhn 113
Massamancurrypaste 35

N

Nudeln mit Ei, gebratene 98
Nudeln mit gelbem Curry, gebratene 50
Nudeln, gebratene 82

P

Panangcurry mit Krabben 115
Panangcurry mit Rindfleisch 115
Panangcurrypaste 36
Pandanusnudeln mit Kokosmilch 128
Pandanussaft 118

R

Reis mit Gemüse und Rind, gebratener 73
Reis mit Krabben, gebratener 73
Reiskugeln mit Kokosnuss 131
Reissalat mit Früchten und Gemüse 102
Rindercurry nach Burma-Art 49
Rindfleischsalat mit Minze 60
Röllchen, thailändische 45

S

Salat mit grüner Papaya 63
Salat mit Krabben, scharfer 87
Salat mit Tintenfisch, scharfer 87
Schwein in Pandanusblättern 84
Schweinecurry aus Chiang Mai 57
Schweinefleischspieße mit Satay-Sauce, gegrillte 107
Suppe mit Krabben, pikante 88

T

Tapiokaperlen mit Kokosmilch 122
Thai-Reis, klassischer 40

W

Würzsauce mit Fisch, scharfe 38
Würzsauce mit scharfer Gurke 38

Register thailändisch

B

bua loi chi 122

H

ho mok plaa 93
ho mok poo 93

K

kaeng hang lai 57
kaeng het 68
kaeng kari fak thaoung 76
kaeng khia waan kai 54
kaeng massaman kai 113
kaeng phat kai si naomai 74
kaeng phat plah sai naomai 74
kaeng plaa lai 108
kaeng supparod 94
kai hoa bai toei 84
kai phat met-mamuang 110
khao niao mamuang 120
khao nieo 40
khao phat kung 73
khao phat nuea 73
khao plow 40
khao soi 50
khao yam 102
kluai buat chi 125

L

lao chang 128
lap nuea 60

M

mamuang si khei 63
maprao luk 131
mee krop 82
moo hoa bai toei 84
moo satay 107
moo tun 65
moo yang 46

N

nam bai toei 118
nam jiem tort man 38
nam plaa prik 38
nam prik kaeng kari 29
nam prik kaeng keaw wan 26
nam prik kaeng khu 30
nam prik kaeng massaman 35
nam prik kaeng phet 32
nam prik ong 53
nam prik panang 36

P

panang kung 115
panang nuea 115
path ped neaua burma 49
phad thai sai khai 98
phak kom naa 71
phla kung 87
phla mouk 87
plaa kraphong neung manao 97
plaa neung manao 97
poh pia 45

S

sang kai yaa fak thong 126

T

thot man plaa 104
tom kha kai 88
tom kha kung 88
tom yam kai 90
tom yam kung 90
tum som 63

Y

yam makua 66
yam nuea nam tok 60
yum woon sen 81

Bibliografie

Axel Aylwen: *Der Falke von Siam*
Siam in siebzehnten Jahrhundert. Constant Phaulkon, genannt der „Falke", ist durch Protektion der Franzosen zum Minister des Königs von Siam aufgestiegen. Ein Roman, der zu den Hochzeiten der Französischen Ostindienkompanie spielt. Spannend, detailreich, fesselnd.

Chat Mingkwan: *The Best of Regional Thai Cuisine*
Ein umfassendes Buch über die regionale Küche, leider nur auf Englisch erhältlich und ohne Illustrationen, nichtsdestoweniger eine „Bibel" der thailändischen Küche.

Danksagungen

Ein herzlicher Dank an Barbara und Adèle für die tatkräftige Unterstützung bei der Realisierung dieses Buches.

Ein überschwänglicher Dank an das Team der beiden Pariser Restaurants *Nam Thip* und *Chez Jampee* für die Erlaubnis, in ihren Räumlichkeiten fotografieren und außerdem ein paar hervorragende Rezepte verwenden zu dürfen.

Ein herzlicher Dank auch an Stephen, der mich auf meinen Reisen nach Thailand begleitete, mich beim Schälen von unzähligen Knoblauchzehen unterstützte und mir immer brav beim Tragen meiner Einkaufstaschen half. Bis zur nächsten Reise nach Laos!

คาถาท้าวเวสสุวรรณ
อิติปิโส ภะคะวา ยมมะราชาโน
ท้าวเวสสุวรรณโณ มรณังสุขัง
อะหังสุคะโต นะโมพุทธายะ
ท้าวเวสสุวรรณโณ จตุมหาราชิกา

Mengenangaben

Abkürzungen

TL	Teelöffel
EL	Esslöffel

Flüssigkeiten

metrisches System	amerikanisches System	andere Schreibweise
5 ml	1 Tee- oder Kaffeelöffel	
15 ml	1 Esslöffel	
35 ml	1/8 Tasse	1 oz (oder Unze)
65 ml	1/4 Tasse	2 oz
125 ml	1/2 Tasse	4 oz
250 ml	1 Tasse	8 oz
500 ml	2 Tassen	
1 Liter	4 Tassen	

Gewichtseinheiten

metrisches System	amerikanisches System	andere Schreibweise
30 g	1/8 oz	
55 g	1/8 lbs	2 oz
115 g	1/4 lbs	4 oz
170 g	3/8 lbs	6 oz
225 g	1/2 lbs	8 oz
454 g	1 Pfund	16 oz

Temperatur

Wärme	° Celsius	Thermostat	° Fahrenheit
Gering	70 °C	2–3	150 °F
Mittel	100 °C	3–4	200 °F
	120 °C	4	250 °F
Heiß	150 °C	5	300 °F
	180 °C	6	350 °F
Sehr heiß	200 °C	6–7	400 °F
	230 °C	7–8	450 °F
	260 °C	8–9	500 °F

Thai Thai Cook

Übersetzung aus dem Französischen: Annette Mader
Satz und Produktion: ce redaktionsbüro für digitales publizieren
Gesamtherstellung: Tandem Verlag GmbH, Potsdam

ISBN 978-3-8427-0842-6

10 9 8 7 6 5 4 3 2 1

100
50
100

In gleicher Ausstattung sind erschienen:

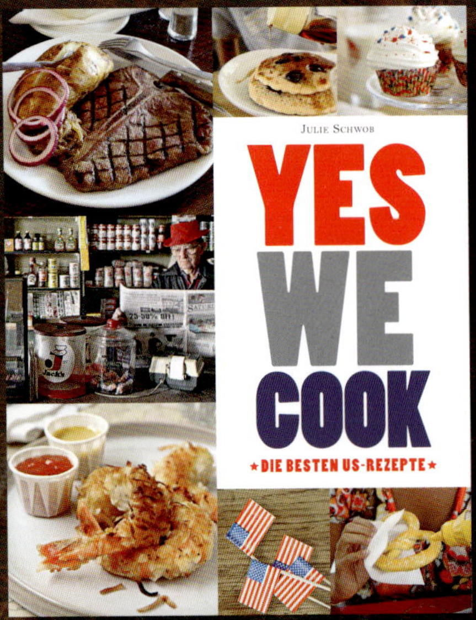

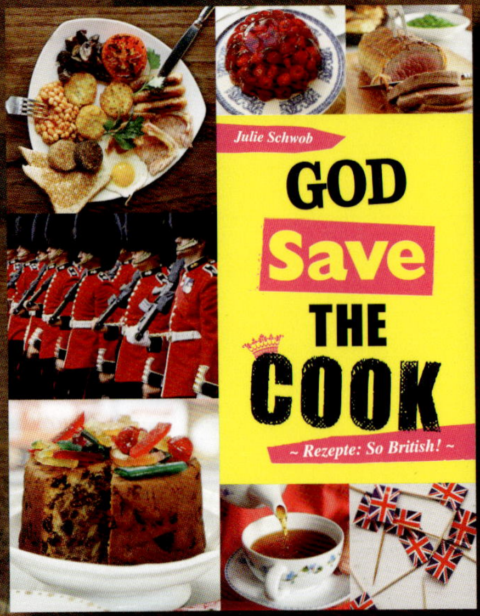